和创造世界名牌的人
一起放飞梦想

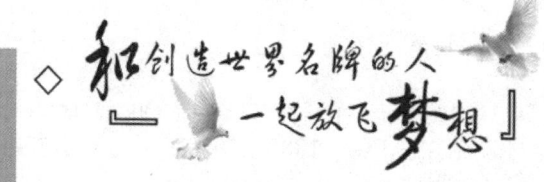

百年酒店希尔顿

bainian jiudian xierdun

崔剑剑 ◆ 编著

吉林出版集团有限责任公司

图书在版编目（CIP）数据

百年酒店希尔顿 / 崔剑剑编著. -- 长春：吉林出版集团有限责任公司，2013.10

（和创造世界名牌的人一起放飞梦想）

ISBN 978-7-5534-3413-1

Ⅰ. ①百… Ⅱ. ①崔… Ⅲ. ①希尔顿，C.（1887～1979）—生平事迹—青年读物②希尔顿，C.（1887～1979）—生平事迹—少年读物 Ⅳ. ①K837.125.38-49

中国版本图书馆CIP数据核字（2013）第237886号

百年酒店希尔顿
BAINIAN JIUDIAN XI'ERDUN

编　　著：	崔剑剑
项目负责：	陈　曲
责任编辑：	陈　曲　潘　晶
出　　版：	吉林出版集团股份有限公司
发　　行：	吉林出版集团社科图书有限公司
电　　话：	0431-81629727
印　　刷：	北京一鑫印务有限责任公司
开　　本：	710mm×960mm　1/16
字　　数：	100千字
印　　张：	12
版　　次：	2014年3月第1版
印　　次：	2019年7月第2次印刷
书　　号：	ISBN 978-7-5534-3413-1
定　　价：	23.80元

如发现印装质量问题，影响阅读，请与出版方联系调换。0431-81629727

序言 PREFACE

梦想与生命共存　传奇与我们同在

当你拥有这套《和创造世界名牌的人一起放飞梦想》系列丛书并真正读懂它的时候，祝贺你，你已经向成功又迈近了一大步，并可以为自己的人生勾画一张蓝图了。

开卷有益，我们不是猎奇，不是对世界名人和超级品牌的奇闻轶事简单地一声惊叹，而且通过阅读，让我们的视野变得更加开阔，让我们能够更好地认识这个世界，并找到适合自己的成功之路。

这是一套全方位满足你阅读愿望的好书，文字鲜活，引人入胜。这里有商界巨鳄的传奇创业故事，也有他们普通如你我的日常生活，当你随着一行行文字重走他们的人生之路时，你的心一定会在波澜起伏中感到一种快意。或许他们的成功不能复制，但是他们的坚韧、执着、宽容——这些成功的要素，我们可以复制。

通过阅读名人的成长故事，重温名人的创业之路，我们会发现、健全的人格、自由的意志、高远的理想、敢于实践的勇气、高瞻远瞩的见地、坚毅勇敢的性格、理性处世的原则、独立思考的习惯、幽默风趣的表达方式……一个人成功的诸多要素都以具体而形象的方式展现在你的面前。

每个人都有自己的生活轨迹，然而成功之路殊途同归，这一路上你的行囊里必须要装入梦想、希望、宽容和坚韧。

请给自己一个梦想吧！梦想是成功的种子，梦想是希望的支点。从这套书中你会发现，每一个了不起的品牌里都承载了品牌创始人那激越的梦想。是梦想，让他们充满激情，斗志昂扬；是梦想，在困境中带给他们希望，让他们有了坚持下去的勇气；是梦想，激励他们不断向前进！

为梦想不懈地努力吧！从这套书中你会明白，任何人的成功都不会一帆风顺，在鲜花和掌声的背后，有太多不为人知的痛苦。那些创业中的失败、徘徊和挫折，对我们来说更具有启迪的价值。真正的勇敢者，并不是无所畏惧，而是在面对挫折的时候，能及时调整自己，正视艰难困苦，不放弃希望。所谓成功，不过是努力的另一个名字罢了。

伟大的戏剧家莎士比亚曾说："一个最困苦、最卑贱、最为命运所屈辱的人，只要还抱有希望，便无所怨惧。"

生命只有一次，让我们在阅读中汲取无穷的力量吧！《和创造世界名牌的人一起放飞梦想》系列丛书会带你走进一个传奇世界，仔细阅读并把你的梦想付诸实践，你也许会成为下一个传奇。

带上我们的梦想启程，为我们璀璨夺目的人生而奋斗！

目录 Content

前 言 001

第一章 打开成功之门 001

第一节 精神的堡垒 003

第二节 "工作"的意义 008

第三节 成功的密码 012

第二章 从男孩儿到男人 019

第一节 超级"粉丝" 021

第二节 最好的防御 026

第三节 对与错要自己证明 032

第四节 自律与诚实是两颗钻石 036

第五节 悲痛可以化为正能量 041

第三章　认识世界　047

第一节　成功也会在凡人身上降临　049

第二节　实践出真知　054

第三节　做一个好演员　059

第四章　成功路上无坦途　063

第一节　"再努力一次"　065

第二节　弯路是前奏　069

第三节　找到"深水区"　075

第四节　自己的天地　083

第五节　行动通向收获　088

第六节　不用扬鞭自奋蹄　094

第五章　播种梦想汗水浇灌　101

第一节　0到100万的距离　103

第二节　深谋远虑的作用　108

第三节　不浪费就是赚钱　115

第四节　以退为进　120

第六章　爱的力量　127

第一节　每个人都有荣誉感　129

第二节　我为人人，人人为我　134

第三节　一定是我们的错　139

第七章　成功的十要素　145

第一节　发掘自己独到的才智　147

第二节　确立远大的志向　151

第三节　做一个诚实守信的人　154

第四节　保持最大的热忱　158

第五节　要有思想和情感的空间　161

第六节　不能让忧虑成为绊脚石　165

第七节　永远面向未来　168

第八节　学会尊重，懂得感恩　171

第九节　承担起对世界的责任　174

第十节　自我勉励绝不轻言放弃　176

结　语　180

前言
Introduction

"您迟到了10年。"1957年,一位年轻的旅店经理委婉地拒绝了世界第一旅店大王康拉德·希尔顿用午餐的请求,尽管这个经理笑得很灿烂。

康拉德·希尔顿功成名就,他的家乡阿尔布格市为他设立了"康拉德·希尔顿日"。作为主角的康拉德·希尔顿理所应当地出席这样值得纪念的活动。但是,当康拉德·希尔顿衣锦还乡在他的成长地沙卡洛小镇的小旅店吃午饭时,旅店经理这样回答了他。当然,这不是怠慢,而是因为当地日趋衰败,旅店生意萧条,不再为顾客提供午餐大约10年了,这个规矩也没有为康拉德·希尔顿而改变。

这就是自己的家乡吗?康拉德·希尔顿不愿相信自己的眼睛。

故乡的小镇比父亲在的时候荒凉多了。

"希尔顿"这个姓氏在康拉德·希尔顿成名之前就已经在新墨西哥州家喻户晓了,因为康拉德·希尔顿的父亲奥古斯都·胡威·希尔顿的缘故。

19世纪80年代，奥古斯都·胡威·希尔顿单枪匹马地从繁华的美国中部来到了人迹稀少的西部，只为了让自己的一生不仅仅剩下"平庸"两个字。经过多年的努力，奥古斯都·胡威·希尔顿在他乡建立了一个自给自足的小王国，大家尊称他为"上校"，因为他的不怒自威，也因为他的特殊贡献。

因为意外，奥古斯都·胡威·希尔顿过早地离开了人世，失去了领军人物的沙卡洛因治理不善一片萧条，"奥古斯都·胡威·希尔顿上校"建立起来的繁华只能永久地留在人们的记忆里。

康拉德·希尔顿中学时代熟悉的沙卡洛旅店的牛排气味也渐行渐远，现在，作为一个成功的商人，他只能带着一份旧日的情怀追忆往昔。这个边陲小镇除了空气中多些风沙的苍凉，一切都没有变，仿佛过去只是一场梦。而康拉德·希尔顿一家人幸福生活过的小村——圣安东尼奥更是沉睡着，那么安静，似乎从没有醒来过。

是的，如果一个地方没有续梦人，那么多少繁华都会烟消云散，最终成为一粒尘土。当那些印有指纹的建筑成为遗迹，造梦人和他的一切终将成为过去。当年玛丽·希尔顿孤身一人奔赴的"被上帝遗忘的角落"，她的丈夫奥古斯特·胡威·希尔顿时代的片刻喧嚣似乎只是上帝的惊鸿一瞥，如今，那里又一次被上帝遗忘，只留下了希尔顿家族的光荣飘散在空气中。

奥古斯都·胡威·希尔顿在新墨西哥州的事业因为没有

人继承而衰败，但是他并不是没有续梦人，英武豪放的他为儿子种下了梦想，让康拉德·希尔顿也不肯成为一个"平庸"的人。

十几岁的少年康拉德·希尔顿就离开家，寄宿在小城阿尔布格里的学校里，一双与瘦小身体不成正比的大脚沉重无比。父亲奥古斯都·胡威·希尔顿希望自己的儿子接受正规的教育，成为一个真正的男子汉，所以康拉德·希尔顿只身离家，独自面对偌大的世界。康拉德·希尔顿一定不会忘记，由于年纪太小，鞋子过重，走路非常艰难，他经常被自己踢痛脚踝。然而，正是这双走路时不时碰撞的脚，在独自闯荡的岁月里日渐长大，日渐沉稳，最终使它们的主人离开了边陲小镇，走入一座座上帝吻过的黄金城，建起了一幢幢带有家族姓氏的美丽大厦，为游子们提供了温暖的家。

虽然康拉德·希尔顿的家——新墨西哥州边地的圣安东尼奥已经不复存在，但是通过康拉德·希尔顿的努力让全世界的人都记住了一个姓氏——"希尔顿"。现在，"希尔顿"已经在世界各个角落生根发芽，希尔顿饭店成为"家"的代名词。而且，就在奥古斯特·胡威·希尔顿与玛丽·希尔顿永远沉睡的地方，他们的孩子康拉德·希尔顿在不远处也建设了一个"家"——阿尔西格希尔顿旅店。

天涯处处家，有了"希尔顿"，温暖就在你身边。

Conrad Hilton

第一章　打开成功之门

- ■ 第一节　精神的堡垒
- ■ 第二节　"工作"的意义
- ■ 第三节　成功的密码

Conrad Hilton

第一节　精神的堡垒

> 信仰不是一种学问。信仰是一种行为，它只在被实践的时候才有意义。
>
> ——罗曼·罗兰

"励志"是我们这个时代的关键词，太多的人怀揣着梦想奔向了广阔的未知世界，那些成功人士的传奇人生就是一本本最好的教科书，但是你也会发现，传奇的开始往往是最普通的生活。很多人童年时代受到的积极影响成了他一生用之不竭的财富，所以正当年少的你，用一双慧眼去寻找那些闪闪发光的金钥匙吧，它们就在你的身边，随时等着你。如果你找到了它们，恭喜你，也许下一个"旅店大王""股票大王""石油大王"就是你！

人们希冀有一把万能的金钥匙，能开启生活道路上通往成功的一扇扇大门，幸运的康拉德·希尔顿拥有两把，一把是母亲玛丽·希尔顿送给他的"信仰"的金钥匙，另一把是父亲奥古斯都·胡威·希尔顿送给他的"工作"的金钥匙。正是在父母那里康拉德·希尔顿得到了思想和行动的准则，他才有了无穷的力量，在无数次挑战中获得了最终的胜利。

都说父母是孩子的第一任教师，从众多名人的成长经历中我们都能看到，他们从父母那里继承了开明、宽厚、勇敢、勤劳等诸多优秀的品质，康拉德·希尔顿也不例外。

1897年的圣诞节，在这个美好的日子里，一个漂亮的新生婴儿，用响亮的啼哭声为他的家庭增添了最浓烈的节日气息，这个与圣主同一天诞生的孩子就是康拉德·希尔顿，他被人们称为"酒店大王"。他生活的地方是海拔5000米的高地，阳光、蓝天、青山、流云，画一样的景致让这里的人们浪漫多情。这也是一块未开垦的土地，伴着自然的风雨，自由的人们在广袤无边的荒野里形成了粗犷豪放的性格。并非原住民的希尔顿一家不仅被这旷野里豪放的气息感染，具有一种刚劲的力度，而且他们还保留了很多原有的习惯，在新与旧的完美融合中，康拉德·希尔顿有了最佳的成长环境。

康拉德·希尔顿的妈妈玛丽·希尔顿是一个虔诚的基督教徒，对上帝无比信赖，她相信上帝不会抛弃他的臣民，所以娇小玲珑的她坚强而勇敢。不仅她自己坚信上帝的存在，她还把自己对宗教的热爱完全播种到了她的8个孩子的心里，而她的孩子们也因为有了信仰个个坚强和勇敢，他们每个人都有一座坚固的精神堡垒。

玛丽·希尔顿的信仰决定了她的生活态度和做事方式，她非常乐观并且非常理性。在精神上，玛丽·希尔顿把自己交给了上帝；在生活中，她把自己交给了一桩桩、一件件的家庭琐事，她从上帝那里得到的是明确的方向和无尽的动力。在美国新墨西哥州那个偏远的小镇，玛丽·希尔顿要为孩子们处理各种各样的问题。连续出生的8个孩子让这位母亲一刻都不能闲下来，母亲忙碌的身影长久地停留在家里长子康拉德·希尔顿的脑海里。康拉德从来不会因为生活负担沉重而抱怨，因为在他的印象里，妈妈在做这些日复一日、永远都不能结束的事情的时候总是很开心、很积极的。给孩子们洗澡、喂饭、置办生活用品，美丽的玛丽·希尔顿常年的装束就是一件大大的围裙，可是这并不能改变她高贵的气质，她温文尔雅，沉着冷静，对人非常热情礼貌。当她摘掉围裙，换上正装到教堂做礼拜的时候，她是那么迷人。尤其是她在神圣的教堂里弹着琴，为祷告的人送上安宁的圣曲的时候，她就成了最完美的人。

康拉德·希尔顿的人生深受母亲影响，在他忧郁悲伤的时候，母亲以特有的方式给他安慰。

在康拉德·希尔顿9岁的时候，他心爱的老马奇哥因为年龄过大离他而去了。他与母亲站在奇哥倒下的地方，非常悲伤，奇哥陪伴着好动的康拉德·希尔顿走遍了家乡的每一寸土地，它是他最好的伴侣，而现在奇哥永远地离开他了。

"妈妈，为什么奇哥不能再和我在一起了？"康拉德·希尔顿疑惑地问妈妈，这是他第一次品尝离别的滋味。

"唐尼，去祷告吧。"母亲对康拉德说，与康拉德亲密的人都非常亲切地叫他"唐尼"，母亲接着说，"把你的想法都告诉神灵，你会得到满意的答复。"康拉德·希尔顿从母亲的表情和声音里感受到了母亲与他一样的悲伤，他乖乖地听母亲的话去了不远处那座白色的小教堂。

向神祈祷对于小康拉德来说一点都不陌生。因为每个星期天玛丽·希尔顿都会风雨无阻地带着孩子们盛装去很远的教堂做礼拜，每天早晚她也会让孩子们聚在自己身边一起做家庭礼拜。康拉德来到小教堂，里面安静极了，跪在神像面前，他把心里的疑惑和自己的哀伤都对神诉说了。静谧的氛围使小康拉德平静了下来，半个小时以后，他走出教堂，对神灵和生活充满了感激。他有点明白母亲为什么总是那么安详、慈爱了，因为她的心里装着神，装着爱，她一直以一颗感恩的心对待生活。母亲对生活从不放弃，他也不会放弃。

不久以后，康拉德就有了新的伙伴，一匹斑纹小马取代了老马奇哥的位置，他和它相处得很好，但是他从来没有忘记奇哥。康拉德·希尔顿对任何给过他温暖的人和物都没有忘记过。多年以后，在他最潦倒几乎断炊的时候，一个服务生拿出自己的平生积蓄300美元送给了他。当他再度崛起时，他回报他的远比300美元多得多。因为母亲就是这样一个懂得感恩的人。

有了信仰，就会在荆棘密布的人生里走出一条光明之路。其实，无论你有什么信仰，宗教也好，政治也好，只要你有，你就永远不会孤独，也永远不会迷失。

1907年，康拉德·希尔顿的父亲奥古斯都·胡威·希尔顿受经济危机的影响生意陷入低迷，康拉德不得不放弃去东部学习的美梦。此时的他在祈祷中找到了方向，他知道人不能只靠美梦活着，而应该靠努力活下去，所以他留在家里帮家庭旅店干些力所能及的活儿，从而积累了经营旅店的经验，这为他日后的发展起到了很好的作用。

还有一次，是20世纪30年代，康拉德·希尔顿与父亲当初一样被经济危机的暗影困扰，由事业初具规模一下变得一无所有，在债务、屈辱和填不满的金钱无底洞的挤压下，康拉德·希尔顿几近崩溃，后来他接受了母亲的建议，在祈祷中平复了自己的情绪，终于熬过一劫。

对于康拉德·希尔顿来说，宗教是他的信仰，他从上帝那里得到了恒久的力量，在他艰难失意的时候帮助他走出困境，在他意满志得的时候依旧淡然从容。对于其他人来说，信仰可能是某种思想、某种追求，就像中国新民主主义革命时期的革命者，他们就有着坚定的政治信仰，所以他们为了中国人民的幸福生活不惜抛头颅洒热血，北京天安门广场矗立的人民英雄纪念碑就是后人对他们伟大人格的永久纪念。

信仰是灵魂的核心，也并非都产自于宗教或政党，没有宗教和政党人也可以拥有信仰。越早确立一种高尚的信仰对一个人来说越有益处，在你困惑的时候，信仰会帮你找到正确的答案，像康拉德·希尔顿那样。

第二节 "工作"的意义

> 生命的长短以时间来计算,生命的价值以贡献来计算。
>
> ——裴多菲

一个人的生命不是由物理时间来衡量的,关键是看他一生中做了多少事,这些事情的密度决定了他生命的质量。"工作"也不仅仅局限于一个人的职业,它应该是一切创造价值的事情。谁对"工作"有了热爱,谁就有了一把生命的钥匙。

康拉德·希尔顿的字典里有两个关键词,一个是"信仰",一个是"工作",这是父母送给他的礼物。在康拉德·希尔顿的眼里,父亲奥古斯都·胡威·希尔顿是一个工作狂。母亲总是亲切地叫父亲"格斯",这是一对感情深厚的夫妻,他们忙碌的身影和积极乐观的生活态度为孩子们营造了最健康的生活氛围。奥古斯都·胡威·希尔顿是一个"大"男人,块头大,手大,脚大,嗓门大,而且凭借着自己的打拼,在新墨西哥州成了"大"人物。奥古斯都·胡威·希尔顿就像是一台永动机,只要醒着就在工作。

康拉德记得父亲也去教堂,但是他只是去参加婚礼,而不是像母亲那样去祷告，因为父亲太忙了，他是一个没有休息日的人。工作在父亲的生命中与空气和食物一样重要，他对家人的爱也表现在疯狂工作为家人创造良好的物质条件上，当然，也有其他的方面。

"让他们工作吧。"这是奥古斯都·胡威·希尔顿治愈一切疾病的灵丹妙药，对那些游手好闲习惯了浪费生命的年轻人他也会这样说。

"所谓天才，只不过是把别人喝咖啡的工夫都用在工作上了。"鲁迅这样评价天才是有道理的。在圣安东尼奥的酒吧里想见到奥古斯都·胡威·希尔顿的身影是很困难的，尽管以他的经济实力，天天泡在酒吧里也不成问题。

父亲眼里无一不是工作，打扫马棚、整理货物、进山做生意，每一样他都不会忘记叫上孩子们，所以康拉德·希尔顿认为"工作"就是人必须承担的使命，工作于他就像呼吸一样被自然而然地学会了。一个人如果从刚开始学会走路就做些力所能及的事情，而且持续不断，那么这一生他都不会贫穷。康拉德·希尔顿非常感谢父亲对他的这种"工作"训练，因为这种训练让他有了足够的能力去解决任何一个艰难而复杂的问题并不觉疲惫。

所以，做了奥古斯都·胡威·希尔顿的孩子，就注定要比别的孩子先体验到"工作"的滋味——辛酸与甜蜜。

当然，奥古斯都·胡威·希尔顿会合理的使用他的"童工"。他总是根据孩子们的年龄特点给孩子们安排工作，让他们既体验到了工作的辛苦又不至于产生厌恶之情。孩子们做完了自己的工作，在水渠里游泳或者在不远处那条小得可怜的"大河"里嬉戏他都不会反对。

而且奥古斯都·胡威·希尔顿是一个好老板，真正的童叟无欺，他会根据孩子们的工作性质和质量给孩子们合理的报酬，这让孩子们对"一分耕耘，一分收获"有了最朴素的认识。

奥古斯都·胡威·希尔顿并不是一架机器，他是一个精力充沛、热情似火并且非常浪漫的人，他的诗情画意把他的工作变得异常美好，所以康拉德·希尔顿在工作中也从来都是兴高采烈、充满激情的。

"快乐地工作"是奥古斯都·胡威·希尔顿的名片，有他的地方就有欢笑，有他的地方工作也是一种快乐。20世纪80年代，人们生活得比较悠闲，尤其是在新墨西哥州那个宁静的小镇里，人们步调更缓慢，悠然自得。可是奥古斯都·胡威·希尔顿总是比别人起得早些，对他来说，早晨六七点就已经是中午时分了。奥古斯都·胡威·希尔顿把工作当成了游戏，沉迷于其中乐此不疲。他在镇里开了很多家商店，自己亲力亲为，与顾客讨价还价，但是从不发火。他还经常骑着马去山里收羊毛、动物毛皮，在路上留下了一个大胡子的响亮的笑声。

奥古斯都·胡威·希尔顿经常在带着康拉德去山里的时候给他讲故事，也会把写有自己诗歌的信笺夹在鲜花里送给那些朋友。这些做法让康拉德认为"工作"是充满欢乐和温情的，还有一个大男人的诗意。在康拉德自己创业时,他因不能接受刻板枯燥的工作和毫无意义的口头承诺,放弃了做一个政客而成为一个不断开拓的商人。

奥古斯都·胡威·希尔顿在"工作"中让孩子们形成了自食其力、诚实守信的意识,这也是一个人完美人格里必须具备的内容。

小学的时候,每逢暑假康拉德都在自己家的商店里帮忙。有两个暑假他的工资都是每月5美元,但是他并不觉得少,因为父亲已经开始实行奖金制度了,所以聪明勤勉的康拉德的薪水总是远远多于他的固定工资,这让他对"多劳多得"备感欣喜,也更加热衷于工作。13岁那年,他的薪水已经涨到30美元,跟一个成年工人的薪水几乎一样了。

"哦,太棒了!"康拉德兴奋极了,他觉得自己太伟大了。

"工作"能让一个人发现自己的价值,与年龄无关。奥古斯都·胡威·希尔顿的勤劳与乐观是他改变自己和周遭人命运的法宝。如果他和别人一样"日出而作,日落而息",那么他和他的家人也会湮没在新墨西哥州的小镇里,在岁月的风沙席卷一切以后,他们不会有任何痕迹留下,而他的孩子们也不会有与他一样的勇闯天涯的豪情,更不会建起征服天下的伟业。

第三节　成功的密码

> 一个人可以非常清贫、困顿、低微，但是不可以没有梦想。只要梦想存在一天，就可以改变自己的处境。
>
> ——奥普拉

拿到了父亲和母亲的金钥匙，还要读懂生命之书的密码，这样才能够把你的生命点亮，让繁花盛开。康拉德·希尔顿成功的事实告诉我们，有了"信仰"和"工作"这两把金钥匙，还必须加上梦想才能得到象征勇敢、幸福和财富的"金羊毛"。

多年以后，康拉德·希尔顿已经成为亿万富翁，他也把自己从父母那里得来的金钥匙——"信仰"和"工作"毫无保留地交到了他的孩子们手里。其时，在康拉德·希尔顿自己眼里他都已经是一个成功者了，关于成功的要素他一直以为就是坚定的信仰和不断地快乐工作，直到有一天他的儿子们长大了，父子三人的一场对话让他开始思索生活的灵丹妙药究竟是什么做成的。

"爸爸，我觉得除了坚定不移的信仰和积极地对待工作，还应该有其他的条件才能获得成功。"大儿子尼克对康拉德·希尔顿说。

"当然了，还要有热忱、才干和其他的东西。"康拉德回答儿子，"只是我认为这两点是最基本的因素。如果没有坚实的基础，我们能干成什么事情呢？"

"不对，"二儿子巴伦反对爸爸的说法，"一定还有什么条件非常重要，至少跟祈祷和工作一样重要。因为我看见很多辛勤工作并诚心祈祷的人一生平平，并没有干成什么大事业。"

两个儿子的话让康拉德·希尔顿陷入了沉思，这是对他这么多年思维惯性的一个挑战，他太习惯在祈祷和工作中获得力量了。他想过热诚、天赋、勇敢、智慧这些东西，但是这些都没有父母给他的那两样东西更让他感到踏实。虽然没找到答案，他却深深地意识到一定有什么被他忽略的东西存在着，一个非常重要的东西。

当他坐在自己花了18年的时间才买下来的旅店皇后"华尔道夫"旅店华丽的大厅里面时，他似乎有所感悟，而当他回到家乡的时候，他彻底明白了他要找的是什么。让他困惑了好几个月的问题终于有了答案——梦想。

那是他在"父亲之城"——圣安东尼奥的遗迹里寻求的终极答案，他相信，这个答案也一定会令尼克和巴伦非常满意。

是的，如果当初奥古斯都·胡威·希尔顿没有从繁华的道奇堡开拔到南部的新墨西哥州，那么他可能只是一个小工厂主，而不可能建立一个城池，也不可能让人铭记他的功绩，成为唯一的"希尔顿上校"。

10岁的奥古斯都·胡威·希尔顿在与父亲从挪威漂洋过海来到北美大陆的时候，他们一家人定居在美国中西部的衣阿华州的道奇堡。在父辈的眼里，那里遍地黄金，发展潜力无限。可是当奥古斯都·胡威·希尔顿26岁的时候，他觉得道奇堡并不是他发展事业的理想地，作为一个小职员，不管他怎样积蓄，他都觉得成功太慢。他把眼睛放在了更远的西部，他相信只要有吃苦耐劳的精神，在那片广袤的处女地上他一定能建功立业，也一定能因此娶到他心爱的女孩儿玛丽·劳佛斯威勒。

奥古斯都·胡威·希尔顿最先到达的是斗罗拉多的利德维尔，那里先因煤矿而热闹，随后又因金矿而喧嚣。粗野混乱的城市环境让奥古斯都·胡威·希尔顿觉得那里做不出美梦，而且那里也不适合淑女玛丽·劳佛斯威勒，所以他继续前进，一路西行，到新墨西哥州的时候他停下了脚步。那里并不繁华，但是环境幽静，山林里面啁啾的鸟鸣，一路上稀疏的人家让他的呼吸极为顺畅。他相信，这里就是他的战场，不久以后他一定能把他的"美女海伦"带到这里来。

奥古斯都·胡威·希尔顿来的正是时候。虽然1846年的新墨西哥州开始对外开放，但是因为交通不便，"开放"只是一个概念。那里还不为人知，没有铁路，也没有通航，交通工具就是马车，最近的文化中心圣路易也与之相距千里之遥，这种状况一直持续到1880年圣达菲铁路的建成。

圣达菲铁路就像一条巨大的血管，把西部那些刚开发的地方连接起来并让它们活了起来，奥古斯都·胡威·希尔顿就是这血管中最活跃的细胞，他乘着火车来到了铁路中心阿尔布格市。当时新墨西哥州有两个最大的城市，一个是阿尔布格，一个就是沙卡洛，两个城市各据一方。阿尔布格相对沉静，而沙卡洛离矿区较近，发展的机会多一些，因此奥古斯都·胡威·希尔顿选择了沙卡洛。

络绎不绝的马队和骆驼队载着铜矿和补给品在远处莫大拉的玛利亚矿区和充满野性的沙卡洛市区之间穿行。在尚未开化的地带这是一个冒险行为，奥古斯都·胡威·希尔顿很快就了解了这一点。有一次他替一家新建的精制冶炼厂转运矿石，在只有三里路的路途中他们一行6人遭遇到了当地土著阿帕奇人的突袭，只有两个人幸存，奥古斯都·胡威·希尔顿就是那幸运的二分之一。

经过这一次的死里逃生，奥古斯都·胡威·希尔顿决心找一个安全一点的地方，因为如果失去了生命，那么一切美梦都将化成泡影。这不是退缩，这是明智的选择。人们常常用数字来表现成功，但是开头的那一个一定不是零，而生命就是开头的那个数，有了它，后面可以有很多零，但是如果没有了它，后面多少零都没有意义。

就这样，挪威移民希尔顿二代在一个安静的小村庄落脚了。在低调而美丽的圣安东尼奥，奥古斯都·胡威·希尔顿开始了他的造梦之旅。

奥古斯都·胡威·希尔顿选择圣安东尼奥是有道理的，这个小村尽管比不上沙卡洛繁华，但是在交通上有着得天独厚的条件。有一条里奥格兰河蜿蜒而过，过桥只要走上3里地就是迎太基煤矿。河对岸有四面八方的来人寻找通往铁路的捷径。河这边是绿油油的庄稼和漫山遍野的野葡萄，还有牛羊吃不完的茂盛的牧草。

只要有人，就有生意可做。

一个多种经营的商店在圣安东尼奥开张了，这里有五金、食物、日用百货，甚至还有棺木。热情的奥古斯都·胡威·希尔顿把自己的一切投注在这个地方，他的付出得到了应有的回报，他成了当地最富有的人。

两年以后，奥古斯都·胡威·希尔顿不仅是当地的首富，而且还小有名气，一个安静的小村在他的带动下已经变得相当繁华。最令人高兴的是他已通过自己的努力过了岳父那一关，终于在1885年抱得美人归。奥古斯都·胡威·希尔顿在工作之余给心爱的女孩儿写了一封封热情洋溢的情书，把圣安东尼奥的美景描绘给玛丽·劳佛斯威勒。于是，那个美丽的女孩儿在1885年2月12日成为玛丽·希尔顿夫人。

又过了两年，康拉德·希尔顿在圣诞节那天降生，此时的奥古斯都·胡威·希尔顿已经造梦成功，他对事业和家庭的期望在他的努力下都变成了现实。

康拉德从回忆中醒来，他感谢父亲所做的一切，因为那个伟大的人不肯虚度此生，才会有后来的一切，包括他。如果父亲不是一个拥有梦想又开拓进取、勇往直前的人，他是不可能获得富甲一方的外祖父的同意，娶到母亲玛丽·劳佛斯威勒小姐的。

所以，还能有什么呢？梦想才是真正的密码！

在开启成功之门的时候，信仰和工作是两把金钥匙，而最后的神秘之锁须有密码来破解。正如巴伦·希尔顿说的那样，即便是虔诚的祈祷和努力的工作，你也未必获得成功。那可能是一种机械运动，是原地踏步走，只有怀揣梦想并不懈地去追求，才能不断前进，品尝成功的果实。

Conrad Hilton

第二章　从男孩儿到男人

■ 第一节 超级"粉丝"

■ 第二节 最好的防御

■ 第三节 对与错要自己证明

■ 第四节 自律与诚实是两颗钻石

■ 第五节 悲痛可以化为正能量

Conrad Hilton

第一节　超级"粉丝"

> 好榜样就像把许多人召集到教堂去的钟声一样。
>
> ——丹麦

我们总是不由自主地对某个人产生一种崇拜的感情，当这种感情变成激励自己的力量时，我们就会翻越一座座心灵的高山，最终与心目中那个英雄并肩而立。

有人迷恋青春靓丽的影视明星，有人仰慕运动场上的体坛豪杰，当然，商界大亨也不乏追随者，苹果之父乔布斯、微软之父比尔·盖茨、三星之父李秉喆、松下之父松下幸之助、索尼之父盛田昭夫……都是大家津津乐道并希望自己也能像他们一样成为书写奇迹的人。当然，在商界偶像的队伍里，"旅店大王"康拉德·希尔顿是不可缺少的一个，不过谁又知道"旅店大王"康拉德·希尔顿会把一个姑娘当作自己偶像，一直在心底怀着无比崇敬之情呢？

康拉德·希尔顿15岁那年，"思考"成了他生活的一部分。

当全球交流越来越多的时候，人们的生活语言也发生了巨大变化，人们把某一人的崇拜者称为"粉丝"，那么你是谁的超级粉丝呢？

15岁左右的康拉德·希尔顿生命里先后有两个女孩儿对他产生过影响。一个很快风轻云淡，一个却浓墨重彩，不曾忘怀。

在罗斯维尔的新墨西哥军事学校读书期间，康拉德有过一段罗曼史，他和一个快14岁的女孩儿美姬之间产生了恋情，他甚至以为自己一定会和那个总是穿着长裙的美丽女孩儿结婚生子。他曾为了积累做爸爸的经验而学着照顾最小的弟弟奥古斯都·哈罗德·希尔顿，也沉浸在照顾孩子的快乐和幸福中。但是他没有和美姬发展下去，他被母亲送到了圣达菲的圣迈克学校。

玛丽·希尔顿是一个非常善解人意的母亲，她没有生硬地批评儿子的早恋行为，而是给儿子开了一个条件，那就是去接受第四个R即宗教Religion教育，然后再结婚。缓兵之计和釜底抽薪总不失为好主意，如这个善良的母亲所愿，他的儿子经过圣迈克学校里神父的教诲，少年的心绪平静下来，他不再想着恋爱和结婚，他知道了这件事对他而言为时尚早。

康拉德·希尔顿的青春期情感波动因为母亲的智慧非常顺利的平复下来，但又一个年轻姑娘走进了他的生活。其实，这样说有点不合适，因为康拉德连面对那个女孩儿的勇气都没有，但是他自己也承认，这个女孩在他的生命中占有特别重要的位置，他的心路历程也因她而改变。

其实，面对世界第八奇迹，谁能不为之倾倒呢？

相信聪明的你已经猜出那个女孩儿是谁了！是的，她就是生活在没有颜色、没有声音的世界里的美国女孩儿海伦·亚当斯·凯勒。

海伦·亚当斯·凯勒，1880年6月27日出生于美国亚拉巴马州北部小城——塔斯科姆比亚一个经济条件不错的家庭。与后来人们心中那个又聋又哑又盲的印象不同，小海伦6个月大的时候就能清晰的发出英文"茶（tea）""水（water）""布娃娃（doll）"等单词，而且很快又表现出对事物的超强敏感。海伦1岁的时候对周围事物的认识比同龄人都快，她眼睛明亮、口齿清晰，很多人都对海伦的天赋表现出羡慕，她的妈妈更是一谈起天才女儿就神采飞扬、笑逐颜开。

天有不测风云，天才儿童海伦·亚当斯·凯勒在她19个月的时候得了一场大病，高烧永远地带走了她的光明、色彩和声音。从此，这个被上帝吻过大脑的女孩儿被黑暗、寂静所笼罩。不幸的海伦·亚当斯·凯勒变得越来越暴躁，家里人对她的关爱并没有让她安静下来，她甚至对妹妹充满了愤怒，认为妹妹占据了原来专属于她的那份母爱。

人生不会永远阴云密布，即便是盲、聋、哑的残疾人，也有机会重获心灵的晴空。到了海伦·亚当斯·凯勒该上学的年龄，父母为她请来了一位家庭教师安妮·沙利文，正是这位温和又不失原则的教师把那个天才儿童又召唤了回来。海伦·亚当斯·凯勒在安妮·沙利文的精心教导下不仅学会了认字，还学会了说话，而且她的性格也越来越开朗乐观。在看不见但是能感知的知识海洋中，海伦·亚当斯·凯勒找到了自己，也找到了奋斗的方向，她奇迹般地考上了哈佛大学拉德克里夫女子学院。没有听力的她掌握了英语、法语、德语、拉丁语和希腊语，走遍了世界各地，为保障全世界残疾人的利益做出了巨大贡献。

一个不幸的残疾女孩儿却比健全的人更出色，康拉德·希尔顿不禁对海伦·亚当斯·凯勒产生了钦佩之情。当康拉德用手帕蒙住眼睛、用棉花塞住耳朵试图感受一个无光、无声的世界时，他更是对她佩服得五体投地。他从海伦·亚当斯·凯勒的著作上剪下一张她身着长袍、带着一顶小帽子的照片，小心翼翼地保存起来。

"乐观是通向成功的桥梁，没有希望就一事无成。"海伦·亚当斯·凯勒在《乐观》一书中的这句话给了康拉德·希尔顿很深的印象。他还记得书中的另一句话："存在于人与神之间的一种和谐就是乐观，它表示了神的创造总是好的。"

康拉德·希尔顿忘不了这个女孩的坚强和乐观，他从生活中得到了太多的正能量，母亲的善良与执着，父亲的开朗与勇敢，现在，他又找到了精神的楷模。他就像阳光中的向日葵，朝着太阳的方向生长，那金色的未来已在前面不远的地方。

榜样的力量是无穷的，我们不能不承认，一个楷模可以改变许多人的人生。如果你研究一下"楷模"这两个字，就会发现，它们都是"木"字旁，一定与树木有关系。你会更惊讶的发现，原来这两个字各是一种树的名字，那就是楷树和模树。原来，楷树又称为黄连树，树身挺拔，枝叶繁茂，非常伟岸。模树更为神奇，树叶的颜色随着季节不断变换，春季色如翡翠，夏季殷红如血，秋季转为白色，冬季却黝黑如铁。无论怎样变化，模树的树叶光泽温润，颜色都十分纯正，可谓"不染尘俗"。说这两种树是"木秀于林"一点也不为过，而且楷树种在圣人孔子墓旁，模树长在先贤周公墓旁，这样，楷树和模树也因为与圣贤为伴被后人赋予了道德高尚君子风范的象征意义，"楷模"就成了人们想效仿和学习的对象。

康拉德·希尔顿把海伦·亚当斯·凯勒当作楷模，满怀敬意，但是当他的偶像出现在他面前时，他却选择了远远关注，因为他没有勇气以一个不名之身去面对那个在他眼里无比伟大的人。她那时24岁，哈佛大学毕业，而他16岁，还在中学读书。

1904年，海伦·亚当斯·凯勒作为哈佛大学应届毕业生，也作为第一位从高等院校毕业的聋盲人，她受邀到圣路易作演讲。那一年奥古斯都·胡威·希尔顿卖掉了他生产黑色黄金的煤矿。奥古斯都·胡威·希尔顿成为新墨西哥州地方首富，在普通工人日薪1美元能养一家五、六口的时代，他们已经有至少11万的财富了，那只是奥古斯都·胡威·希尔顿卖掉他生产黑色黄金的煤矿的收入。当年适逢世博会在圣路易召开，为了庆祝，希尔顿全家到圣路易参观。第三届世界奥运会也在那里举行，盛世繁华，康拉德兴奋不已。让康拉德更兴奋的是他竟然与他的偶像海伦·亚当斯·凯勒同时出现在了圣路易。

让人难以理解的是康拉德没有参加海伦的演讲会。现在有人为了追星，一票难求，一掷千金，而康拉德与偶像近在咫尺，他却停下了脚步。原来，他害怕，他觉得自己离那个伟大的人的距离还太远，他不好意思靠近她。他对自己说，一定要用乐观、信心、努力与诚实做出点成绩，有一天能勇敢地走近那个魅力无穷的人。

于是，从圣路易回到圣安东尼奥的时候，康拉德选择了辍学，年轻健康的他要在实践中证明自己。在海伦·亚当斯·凯勒不屈的奋斗精神鼓舞下，康拉德·希尔顿出发了。

选择一个精神向导引领你前进吧，就像康拉德·希尔顿那样，他一生都用海伦·亚当斯·凯勒做自己的风向标，他没有令他的偶像失望，他令人瞩目的成绩让任何人都觉得他有站在海伦·亚当斯·凯勒面前的资格。

第二节　最好的防御

诚挚地宽恕，再把它忘记。

——西德尼·史密斯

二战时期德国名将隆美尔的得胜经验有两条，一条是最好

的防守就是进攻，另一条就是先开枪后瞄准。虽然他一生戎马战绩辉煌，被称为"沙漠中的老虎"，但是在生活中，最好的防御并不一定是进攻，有时候是退一步海阔天空。

如果有人要拿枪对着你，你该怎么办？是掏出枪还是根本就不带枪？康拉德·希尔顿犹豫了。

这是康拉德·希尔顿一生唯一一次被枪威胁。以往他面临的都是贫穷的威胁，现在不同了，他面对的是一个随时都能出现的人和不知道什么时候射出子弹的手枪。

原来，康拉德的朋友鲍尔斯在华斯堡看中了一家二手旅店，他说那家旅店的后台老板是一个"天使"一样的好人，名叫苏德曼。苏德曼是厨师出身，因为勤劳与俭朴攒下了不少钱，他开办了几家连锁饭店，后来把业务拓展到了旅店行业。听了鲍尔斯的建议，康拉德赶到华斯堡，他看到了那家有200个房间的旅店，规模不小，有些破败，在康拉德眼里就像一个被抛弃的老妇人，不过还有些许风韵，值得买下来。

但是在买旅店的时候，资金出现了问题，苏德曼不肯通融，所以苏德曼仍旧是旅店的老板。可是苏德曼只是一个好厨师，不是一个旅店的好经理，他的旅店在他手里每况愈下，他知道康拉德曾有意于他的旅店，他就厚颜无耻地跑到康拉德那里恳请康拉德买下他的旅店。

在第一次交易时，康拉德就觉得苏德曼是一个唯利是图的小人，他不想与这样的人打交道，可是苏德曼的眼泪打动了康拉德，最后康拉德用3.5万美元买下了苏德曼的旅店。

与苏德曼的往来是康拉德·希尔顿一生中最不愿提及的回忆,因为这个小个子厨师竟然开枪杀了康拉德·希尔顿最好的朋友和合作伙伴鲍尔斯。本来是鲍尔斯发现了苏德曼的旅店,让苏德曼有机会结识康拉德·希尔顿,才使苏德曼在经营不善的时候能把旅店转让出去,可是这个曾被鲍尔斯称为"天使"的小个子厨师,有着与他身高一样狭窄的心胸。一方面,他诋毁康拉德·希尔顿的声誉,说康拉德应该给他3.85万美元却只给了他3.5万美元,另一方面,当他把卖旅店的钱挥霍一空整天醉醺醺时,他居然跑到达拉斯去报复鲍尔斯。

1922年4月18日,苏德曼到了达拉斯,他打电话给鲍尔斯约他出来。当鲍尔斯从电梯里出来的一瞬间,等候在大厅的苏德曼开枪击中了他的头部,鲍尔斯倒在血泊中。

在法庭上,康拉德·希尔顿看着这个红头发的杀人犯,内心充满了憎恶。苏德曼被判了5年徒刑,对于他所犯下的罪恶这实在是太轻了。可是,没过多久,杀人犯苏德曼竟然交了保释金出狱了。

朋友们都劝康拉德要小心那个危险的家伙,康拉德提高了警惕,但是他不愿意每天躲躲闪闪地生活,他请人帮他联系苏德曼。

"我对你的印象并不坏,唐尼。"出乎意料,苏德曼竟然没有用仇视的态度对待康拉德·希尔顿。

康拉德·希尔顿一言不发地看着面前这个无赖。

"我想请你帮帮我。"苏德曼继续说。

"不，我不能帮你任何忙，鲍尔斯是我的好朋友。"康拉德坚决地拒绝了苏德曼的无理要求，他看到了苏德曼不怀好意的笑容，但是他别无选择，他不会向一个残忍地杀害了自己朋友的人低头。

苏德曼离开后不久就进了感化院，但是传出他将对康拉德不利的消息。好朋友鲍尔斯已经倒在了那个丧心病狂、忘恩负义的小人枪下，而康拉德也感受到了苏德曼的敌意。他知道，那个心胸狭隘的红发"天使"随时都会有极端的行为。

康拉德的抽屉里有一把手枪，他拉开了抽屉，也拉开了记忆的帷幕。

在奥古斯都·胡威·希尔顿刚踏上新墨西哥州的土地上时，那里还很混乱，抢劫和被抢劫是经常发生的事情。当初奥古斯都·胡威·希尔顿正是因为一次抢劫才决定从沙卡洛离开，选择到偏僻却相对安全的圣安东尼奥落脚的。当地的人们为了防御经常会佩戴枪支，奥古斯都·胡威·希尔顿也有一支。

在圣安东尼奥这个半开化的地方三教九流都充满了野性，奥古斯都·胡威·希尔顿是个生意人，难免经常与酒鬼、暴徒和亡命者打交道，但是奥古斯都·胡威·希尔顿一直拒绝带上他的枪。当康拉德知道父亲总是不带防御武器就出门时，他始终认为父亲的做法是非常愚蠢的。

"我有两种选择，一是永远把枪带在身边，二是永远把枪束之高阁。只要带了枪，就难免会用到它。我曾亲眼看见有人因为拔枪的速度慢而被他的对手打死,我不愿走这条路。不带枪看似很危险,但是这时候就能靠智慧解决问题,我比较喜欢这样。"奥古斯都·胡威·希尔顿对儿子说。

可是康拉德还是不能理解父亲,他坚持认为父亲应该带枪,但是父亲在一种特殊情况下证明了自己的正确性。

那天晚上,康拉德到酒馆里找父亲回家吃晚饭。父亲作为一个地方名人并不常去酒馆,每一次去都会引人注目,但是这一次大家更加关注奥古斯都·胡威·希尔顿了,因为他笔直地站在酒吧柜台的前面,一个喝多了的农场工人手里拿着一把枪,子弹随时都能射出来,而枪口正对着他的前胸。

推开酒吧的门,康拉德惊呆了。这一幕虽然像电影,但是比电影里的气氛凝重多了,周围静得就算掉下一根针都能听得见。

"再过一个祷告的时间我就开枪。"那个醉鬼声色俱厉地说。

没有人敢说话,生怕惹恼了这个狂躁不安的人,但是枪口下的奥古斯都·胡威·希尔顿开口了。可惜距离较远,康拉德又不敢走上前去,因为害怕给父亲带来更大的危险,所以他听不到父亲说什么,不过他看到了父亲的表情。多少年过去,康拉德始终无法忘记父亲生死关头那一刻的镇静和坦然。父亲面不改色,神情温和,与醉汉说话时丝毫没有敌意和恐惧。接下来,奇迹发生了,那个醉汉拿枪的手开始抖动,不一会儿,手里的枪"砰"的一声掉在了地上。这还不是最后的结尾,康拉德走近了父亲，他看到那个刚才还拿着枪对着父亲的醉汉痛哭流涕，伏在父亲的肩头发誓说他爱父亲胜过他的亲人。人们欢呼起来，为了父亲，为了平安。

"我相信他说的话。"回家的路上，奥古斯都·胡威·希尔顿搂着儿子的肩膀说，"唐尼，如果我带了枪，我们俩一定有一个会倒下，你说呢？"

康拉德·希尔顿重重地点了点头，这是父亲给他上的最好的一课。暴力不是解决问题的最好方式，而智慧和勇敢才是最好的防御武器。

现在，面对苏德曼的威胁，康拉德·希尔顿做出了选择，他要和父亲一样，不用手枪来保护自己，因为他也不缺乏智慧和勇气，而且，他要一个都不倒下。

他看了看抽屉里的枪，想着那年夏天父亲在酒吧里面对着枪口的场面，慢慢地合上了抽屉，他知道自己该怎样做了。

康拉德找到了一位认识苏德曼的神父斯密特，他跟神父说明了自己的境况。

"或许他还需要一点钱谋生，我愿意以无名氏的名义给他一些。"康拉德对斯密特神父说，并且把钱给了神父。

斯密特神父答应康拉德去感化院与苏德曼谈一谈。当苏德曼从感化院出来的时候，康拉德离开家，他不愿有任何人倒下。"苏德曼走了，他决定重新做人，他到加州去闯天下了。"不久以后，康拉德·希尔顿接到了斯密特神父的电话。

交友之道贵在真诚，但是，对于那些天使面孔魔鬼灵魂的人，敬而远之是我们最佳的选择。孔子说"唯女子与小人难养也"，这里我们对夫子对"女子"的态度不予置评，但是夫子对"小人"的评价是非常正确的。当我们不得不与那些"小人"打交道时，和平地解决问题是我们的首选。

第三节　对与错要自己证明

> 实践"以客观世界为前提，作为他物的客观世界走着自己的道路"。
>
> ——黑格尔

我们总是习惯用自己的标准去衡量别人，对别人的做法指手画脚，其实孰对孰错要用事实证明，而不是评比年龄和资历。在行动的时候不盲动，在工作的时候多用心，你就能证明，虽然你年轻，但是不意味着你总与错误为伍。

康拉德·希尔顿21岁的时候得到了父亲的授权，在店面里担任经理，同时父亲也把一部分股权转让给了他。由于旅店经营有方，加上经济复苏，希尔顿家的境况又好了起来。但是后来他们决定关闭在困难时期帮助家里渡过难关的功不可没的家庭旅店，因为尽管旅店的生意依旧不错，可是一家人都得因此被困在旅店里，难以脱身做些别的什么事。奥古斯都·胡威·希尔顿决定把家迁至沙卡洛，原因是那里离教堂比较近，对母亲这样一个虔诚的信徒来讲是非常重要的，并且那里的学校比较大，对几个上学的孩子来说也非常便利。于是，除了康拉德·希尔顿，希尔顿一家都搬到了沙卡洛。这样的安排让康拉德非常高兴，他终于脱离了父亲的掌控，可以按照自己的意愿来生活了，这似乎在说："康拉德·希尔顿长大了！"这是每个男孩都无比期待的时刻。

可是这种幸福里总有一些让他不舒服的地方。

"小毛头，你不能这样！"奥古斯都·胡威·希尔顿经常对着已经独立承担圣安东尼奥地区业务的康拉德大喊。

每当这个时候，康拉德·希尔顿就非常郁闷。从小就为家里打工，目睹父亲事业的发展，经历了经济危机，康拉德比同龄人早熟得多。同难缠的顾客打交道，同粗鲁的猎人和农民往来，康拉德已经经验老到，他觉得自己非常胜任现在的工作，也觉得能独当一面的感觉真是不错。可是情绪不稳定的奥古斯都·胡威·希尔顿时不时地摆出家长的架子，拿出老板的样子来干预康拉德，这使康拉德的愉快心情总是大打折扣。

其实奥古斯都·胡威·希尔顿不是不信任儿子，而是他太在乎圣安东尼奥的一切，那是他用梦想和青春伴着汗水一点点打拼来的，他不可能一点都不在意地把心血交付于人而不在旁边继续关注，尽管那个承担了重担的人是他心里最好的人选——他的大儿子。但是在每个父亲眼里，孩子是永远长不大的，父母就像一只袋鼠，总觉得孩子还在育儿袋里等着父母给

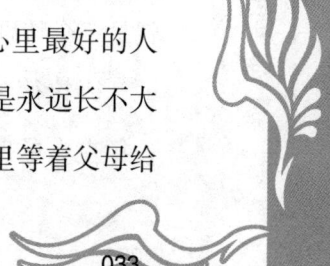

他们食物。奥古斯都·胡威·希尔顿很矛盾，理智提醒他孩子长大了，搏击长空的羽翼需要在风雨中历练，而感情不断地驱使他把自己的想法强加于孩子身上。而且刚刚过去的经济危机让奥古斯都·胡威·希尔顿心有余悸，他很担心噩梦重来，所以奥古斯都·胡威·希尔顿时而信任康拉德，时而又怀疑他，这种不稳定的情绪给康拉德造成了很大的困扰，他下定决心，一旦自己有任用别人的权力他绝对要把权力下放，不能让他的员工产生和他一样的烦恼。奥古斯都·胡威·希尔顿的情绪与他对儿子的干预呈现着古怪的一面，他情绪好的时候就来对康拉德挥舞指挥棒，他情绪不好的时候反而不停地夸赞康拉德，让儿子好好干，说儿子是他的希望。

奥古斯都·胡威·希尔顿把店里的事情交给了康拉德，但是康拉德仅仅是一个被雇佣的管理者，他还没有"生杀予夺"的实权，因为奥古斯都·胡威·希尔顿还没有把店里的全部股份分给他。每当奥古斯都·胡威·希尔顿情绪不好的时候，他就向康拉德许诺把店里的股份全部转让给康拉德，所以康拉德觉得那时候的父亲既谦虚又大方，当然，父亲只是许诺，一直都没有兑现。康拉德的权力就在奥古斯都·胡威·希尔顿的"小毛头"和"继承人"之间飘荡，总没有个着落。

机会不会从天而降，而是靠人争取来的，康拉德·希尔顿就是一个特别会把握时机、抓住机会的人。

康拉德·希尔顿与父亲一半和谐一半对抗的状态持续了一年左右的时间，康拉德的机会来了。当时国家形势一片大好，新墨西哥被称为"地方"，而不是美国联邦的一个独立的"州"，当地的人都有了归属感，在被漠视了63年之后他们是名正言顺的美国人了。借着这个东风，康拉德也要自己独立，他也要成为名正言顺的当家人。

"唐尼，你实在是不错，我要给你一些股权。"奥古斯都·胡威·希尔顿对儿子说。

"那就请您立即把它变成现实吧，没有比现在更适合的时候了。"康拉德赶紧递给父亲一支笔，"您多签几张吧，多多益善。"让康拉德大喜过望的是一向把股权看得很重要的父亲竟然真的给他签署了一份股权转让书，他这支笔递得太是时候了。

"你这个小家伙到底想干什么？"在奥古斯都·胡威·希尔顿签署了股权转让书两个星期以后，他又对儿子咆哮。

"父亲大人，您的小家伙已经是这里的股东了，他有权利改造他的商店。"康拉德不慌不忙地对父亲说。

原来，康拉德觉得商店应该重新安排格局，作为股东，他说做就做，于是就有了上面的对话。白纸黑字，康拉德的确是店里的合法股东，他也的确有权利在自己的商店里进行改革，奥古斯都·胡威·希尔顿的儿子真正长大了。

这次改革倒不能说是康拉德·希尔顿有意与父亲为敌，他认为先前的陈设存在浪费空间的问题，所以他出于对商店负责的态度进行了调整，而调整之后的效果证明他是对的。康拉德用事实回答了父亲的问题，他这个"小家伙"就是想把工作干得更漂亮！

人们获得权力的方式和途径可能不同，但是使用权力的动机和结果应该相同，那就是以一颗公正的心去对待工作，对待生活，那样才能向世人证明：相信你，是没错的。

第四节　自律与诚实是两颗钻石

如果道德败坏了，趣味也必然会堕落。

——狄德罗

诗人海涅说："生命不可能从谎言中开出灿烂的鲜花。"一个人可以在财富方面贫穷，但是在美德方面绝对应该富有，而在美德的财富单上，诚实应该是不可或缺的。

说起康拉德·希尔顿的求学经历还真不简单，最初的时候他几乎是半年就换一个地方。但是在每个学校，他都学到了一些很有用的东西，当然，这些不都是书本知识。

1899年秋天，还不到13岁的康拉德·希尔顿被父母送到了沙卡洛城郊的高斯军事学校。那是一所规模不大但是管理比较严格的学校，无拘无束的康拉德在那里第一次受到纪律的约束，虽然不愉快，但是对他的成长颇有助益。

高斯军事学校要求学生在校期间身着校服，随时听从学校管理人员的训导，并且还接受"3R"教育。在圣安东尼奥旷野上长大的康拉德对这种封闭枯燥的生活非常不适应，他觉得自己就像被关在笼子里面的小鸟。

有一天晚上，熄灯号吹过之后，他和另一个男孩儿溜出学校去看一场巡回演出，可是没有经验的他们忘了换下那身学校制服。

"好吧，小家伙，跟我来吧！"一个洪亮的声音在他们身后响起。紧接着，这两个小男孩儿就像两只小鸡一样被两只大手提了起来。

令康拉德感到难堪的不是没看到演出，而是他居然在众目睽睽之下被人抓住。原来那场演出的地点不是阶梯式的，所以这两个孩子要找到合适的地点就必须钻进人丛，努力往前面挤。于是，当他们被发现是从学校里逃出来的时候，他们就已经暴露在全场观众面前了。那天表演的仿佛不是那个演出队，而是康拉德和他的同学。抓住他们的人就是赫赫有名的大力士警长麦克·米兰。

这次不成功的逃学事件让康拉德对于犯错有了戒心，他可不想把有限的脸面都丢在无意义的娱乐上面。他也知道，在正规的学校逃学可不能像在家乡小学那样随便，即便是爸爸不以为意、妈妈最终能原谅自己，他自己也过不了自尊心那一关。他要做一个能自我约束的人，否则他会更加羞愧，他可不想那种事情发生。

有人说"自律就是自由"。这看似矛盾的话却是非常有道理的，因为只有你严格要求自己，你才是自己的主人，否则你就是情绪、欲望和感情的奴隶。当你放纵自己逃学、贪婪的时候，锁链也就紧紧缠绕在了你的身上。

高斯军事学校那一页很快就翻过去了，因为假期结束后家里给康拉德安排了新学校——位于罗斯威尔的新墨西哥军事学校。当然，这仍然不是康拉德喜欢的地方，可是妈妈的劝导加威严还是让这个13岁的男孩儿用了3天2夜的时间到达了那里。

"人最重要的就是诚实。如果一个人说出的话都不能令人信服，那么他还有什么可以信任的呢？"在康拉德读书期间，有位学长对康拉德说。

原来，学校曾有一位同学打破了学校的窗户，在学校追查时，那位同学竟然矢口否认。尽管也没有人去举报那个不诚实的胆小鬼，可是那个同学变得孤单了，因为人人对他敬而远之。

"君子必须诚实，撒谎是一种耻辱。"这是新墨西哥军事学校给康拉德最好的教育。而且此后不久的一次逃跑行为让康拉德饱受良心的谴责，他彻底明白了诚实比谎言可贵一万倍的道理。从那件事以后康拉德更是坚守诚实这一底线，虽然有时候他会因此蒙受损失，也会经常受到不诚信的人的欺骗，他都没有改变过。而且他从不后悔，他一直认为他的诚实美德为他带来的收获更多。

康拉德在新墨西哥军事学校学习了两年以后，他又被爸爸妈妈送到了罗斯威尔的另一所学校——圣达菲的圣迈克学校。这次，康拉德没有特别的不愿意，因为这所学校在各方面都让他感觉到了成长的乐趣。他第一次领了圣餐，第一次有了自己的守护神父，而且他对信仰有了更具体的认知，书包里初恋女孩的相片已经变成了圣母像。就在康拉德觉得自己越来越像男子汉的时候发生了一件让他意想不到的事情，这件事情在他的心里埋藏了52年，让他一想起来就沉重不已。

那时希尔顿一家搬到了加州长堤，他进入到了当地的一所学校学习，当时他还兼职做一名送报员。有一次，他借了一匹马去送报，结果在路上不小心撞到了一个行人。他被吓坏了，以最快的速度逃离了现场。事后，当地的报纸都谴责那个不道德的撞人骑士，甚至连妈妈都参与到了批评者的行列。康拉德非常愧疚，但是他还是不敢承认。他和另外一个送报员交换了送报区，那是一个非常不好走的路线，可是有什么办法，这就是懦弱的代价，而且这个代价远远没有付完，康拉德在自己的心里扎了一个刺，他没有勇气把它拔出来。

直到52年后的一次演讲，这根尖利的刺才被他从心里除掉。当时他应邀为长堤的一个民间团体发表演讲，不知道为什么，一向很善于演讲的康拉德却在讲台上忽然什么都记不起来了，而这次演讲几乎是他练习最多、背诵最熟的一次。在他脑海里出现的不是自己倒背如流的演讲词，竟然是50多年前他骑马撞人逃逸的那一幕。

"有一件事，我一定要说出来，这件事把我闷得太久了。"康拉德·希尔顿缓慢却坚定地对着台下他的崇拜者说,他说也许在座的人们可能不记得52年前有一起交通事故发生在这里,然而他不能忘却,并且他就是那个肇事后逃跑的胆小鬼。"我知道我现在才说出来是太迟了,如果那位先生今天也在这里,请允许我当面向他道歉。"亿万富翁康拉德·希尔顿真诚地说。

当然,他得到了人们的掌声,人们赞赏康拉德·希尔顿的诚实与勇敢,尽管这份道歉晚了52年。因为当时没有一个人怀疑康拉德就是那位闯祸者,52年后的此刻,就更没有人会知道事情的真相了,只要康拉德沉默一生,就不会有一个污点写在他的履历里。但是已经功成名就并把荣誉看得无比重要的旅店大王居然能坦承他少年时代的过错,这种自律性和道德感难道不值得人们为他鼓掌吗?

更奇妙的事情发生了,说出了心底不光彩的秘密以后,康拉德·希尔顿的演讲稿重新回到他的脑海,他无比顺畅地讲了下去。这件事说明,一个人只有绝对的诚实才能安稳地活下去,良知才能让你感到踏实。

古罗马的政治家、演说家、法学家和哲学家西塞罗有一句非常精辟的话——"没有诚实何来尊严"。康拉德·希尔顿站在他一生唯一的污点上,他当然不能心安理得地以模范的姿态出现,所以他必须洗刷自己的污浊让自己坦然地接受人们诚挚而热情的目光,否则,他只会加重对自己的鄙视,再一次践踏自己的尊严。

经过了生意场的磨炼，康拉德·希尔顿对人有了更多的了解，他学会了与人交流，以诚待人，人亦以诚待他，这是他得到的最好的薪水。在他独自闯荡江湖的时候，讲义气、守诚信是他为人的特点，这为他开拓事业带来了相当大的帮助。

所以做一个诚实面对人生和自己的人吧，别让那些灰色的事情变成乌云挡住灿烂的阳光！

第五节　悲痛可以化为正能量

> 没有谁比从未遇到过不幸的人更加不幸，因为他从未有机会检验自己的能力。
>
> ——塞涅卡

悲欢离合常常不由我们的意志来控制。有时候因为一些特别的原因我们必须承受与亲人离别的痛苦，面对这种永远不能弥补的遗憾，我们能做的不是消沉而是要更加珍惜生命。

康拉德·希尔顿有很多兄弟姐妹，但是很不幸，他经历了两次生死离别的痛苦，每一次的创痛康拉德都是借助拼命的工作来弥合的。

康拉德10岁左右的时候，一家人其乐融融，父亲奥古斯都·胡威·希尔顿的事业蒸蒸日上，母亲总是盛装出行，并带上一群可爱活泼的孩子与朋友们聚会。那时候的每一天都是快乐的，康拉德的记忆里家里总有一个蹒跚学步的孩子围着母亲的围裙转。他也很乐意和弟弟妹妹一起玩耍，咿咿呀呀的小孩子让康拉德觉得自己有一种要保护他们的冲动。或许是上帝要考验希尔顿一家的承受能力，他把灾难降临到了这个大家庭里最小的孩子身上，年仅两岁的朱利安竟然夭折了。

这是康拉德第一次感到压抑，一向欢声笑语的家突然变得死一样的沉寂。习惯的婴儿啼哭和咿咿呀呀消失了，围着母亲打转的小娃娃消失了，笑容从向来乐观的妈妈脸上消失了，歌声从父亲的嘴里消失了。

那时候，玛丽·希尔顿经常跪在教堂里祈祷，祈求上帝善待她那过早离开她的宝贝，而奥古斯都·胡威·希尔顿则跑到偏僻的山区借着交易的名义带走悲伤，而康拉德·希尔顿则不自觉地放弃了游戏，每天放学就早早地回家陪伴在妈妈身边。

可是，忧伤的气息浓烈得让人窒息，康拉德只能不停地做事来强迫自己忘记失去妹妹的痛苦。他默默地到家里的商店清理物品，帮忙销售些商品，可这些仍不足以排解他内心的苦闷，他向父亲要了一小块地，开始把时间用在除草、播种、灌溉和等待收获上。

就是在思念朱利安的那段时间里，康拉德成了一个很好的农民和一个不太成功的小商贩。由于辛勤的劳作，康拉德那块地的玉米和青豆都非常茂盛，到了收获的季节他每天都能把自己的篮子装满。康拉德像一个成熟的小贩那样，把自己的"产

品"拿出去挨家挨户地推销。当然总有卖不完的时候，于是，那段时间，妈妈玛丽·希尔顿成了最大的客户，她总是及时地出现在康拉德的面前，把剩下的玉米和青豆安排到自家的餐桌上。

在不停的工作中，希尔顿一家逐渐走出了失去亲人的阴影，时间也为抚平他们的创伤立下了汗马功劳。第二年的春天，又一个小生命降生了，父母为她取名露丝玛丽，她为家里带来了消失许久的快乐。

康拉德一直以自己的家庭为荣，有着相亲相爱的家人，他觉得自己是最幸福的人。在众多弟妹中，他最喜欢的就是小弟奥古斯都·哈罗德·希尔顿，家里人都叫他"小弟"。因为小弟出生的时候正值康拉德初恋时期，他以为他会和心爱的女孩儿结婚并像父母一样生下一群可爱的孩子。为了做一个称职的爸爸，康拉德把照顾小弟看作一个宝贵的机会。在与小弟朝夕相处的日子里，康拉德不仅学会了如何照顾婴儿，还与小弟建立了最亲密的关系。没想到，1927年，正当康拉德的事业一路高歌的时候，家里传来了小弟病重的消息。

康拉德简单整理了行囊后火速赶到了小弟疗养的艾尔帕索，母亲玛丽·希尔顿已经在那里了。说小弟的病已经确诊，是结核性脑膜炎。这是一种非常难治的病，结核病菌会使脑部感染，引起脑积水或脑梗塞。康拉德和母亲迅速返回艾尔帕索，医生告诉他们一个坏消息。

"您的孩子已经危在旦夕了，希尔顿太太。"医生实话实说。

小弟很坚强，有着希尔顿家积极乐观的性格，他故作轻松地与母亲和他一直崇拜的大哥谈笑风生。看着小弟一天比一天消瘦，康拉德悲伤不已。

"亲爱的小弟，你会好起来的。"康拉德和妈妈都这样劝慰小弟。

"是的，我不会放弃希望。"小弟微笑着回答。

10天以后，康拉德永远地失去了他最心爱的小弟，而母亲玛丽·希尔顿又一次经历了丧子之痛。

小弟的离去给康拉德的打击远远大于多年前妹妹朱利安的夭折，因为现在的康拉德对生命有了更深的体会，而且他与小弟相处的时间要比他与朱利安在一起的时间长得多。

往事一幕幕浮现在脑海，他曾经抱在怀里的小婴儿是那么可爱，他难以相信那个唯一支持他夸张演说的小弟现在真的不在人世了。他不知道该怎么样接受这个现实，他不能闲下来，于是工作成了他的良药，他要让工作占据自己所有的时间。

康拉德决心设立一个极高的目标，这样他才能不让自己陷于对小弟的怀念之中。他选择在艾尔帕索建造一座宏伟的建筑，一个让世人叹为观止的希尔顿旅店。

艾尔帕索是一个极具特色的大型城市，厚重的西部色彩和浓郁的西班牙风情让它有着独特的魅力。在城市中心对着"拓荒者广场"的地方有一片空地，原本那不是空地而是一座旅店，一场意外的大火把旅店化为了灰烬。现在，康拉德·希尔顿看中了这片空地，他要在这片空地上重新建起一座体现当地文化特色的旅店，而且他很快就付诸行动。

艾尔帕索希尔顿旅店的建造是一个复杂而曲折的故事，它的确转移了康拉德·希尔顿失去小弟的痛苦，它也堪称"旅店大王"康拉德·希尔顿事业的一个高峰。

康拉德·希尔顿在万分悲痛的时候没有消沉，他选择了一种积极的方式面对痛苦。小弟奥古斯都·哈罗德·希尔顿，无论在哪里他一定会为有这样的哥哥而骄傲。

生命中的苦难与打击不会因为你悲观懦弱就远离你，但如果你乐观坚强就一定会战胜苦难和打击。

Conrad Hilton

第三章　认识世界

■ 第一节　成功也会在凡人身上降临

■ 第二节　实践出真知

■ 第三节　做一个好演员

Conrad Hilton

第一节　成功也会在凡人身上降临

志向和热爱是伟大行为的双翼。

——歌德

康拉德·希尔顿对待工作的态度一直让周围的人对他由衷地敬佩。当他陷入危机之时总能逢凶化吉，绝处逢生，这都与他对工作的热爱有直接关系。

康拉德16岁那年，为了早日走向成功，他选择在家跟着父亲学做生意，而不是到学校读书。可能是为了让孩子明白他人生需要的是什么，父母都同意了他的要求。所以刚开始思考人生的康拉德第一次长时间与父亲奥古斯都·胡威·希尔顿在一起，这是他们父子真正了解的时期，也是康拉德一个可遇不可求的学习机会，因为奥古斯都·胡威·希尔顿就是最伟大的开拓者。

那些日子，康拉德经常和父亲一起到外面采买货物，他发现生意人做的并不都是生意，在这个过程中爱和善心能让生意变得生机勃勃和温情脉脉。

奥古斯都·胡威·希尔顿可能是最诗意浪漫的生意人了。尽管他在讨价还价上寸土必争，但是他绝不是一个冷漠吝啬的守财奴。他经常不辞辛苦地走上十几、二十几里的路，为的就是给老墨西哥朋友或印第安人送上一张写满美好诗句的精致的卡片，尽管那些朋友都不懂英语。他也会给神父朋友和孩子们同样的礼物，有些诗句深深的印在康拉德的记忆里。多年以后，在康拉德的回忆录里他还能清楚的记得这样一首诗："成功也会在凡人身上降临/不必特别算计/无需额外运气/只要沉稳、热诚和充满勇气/成功永远属于勤劳的人/只要不怕辛苦、不惧困难/懂得运用双手、头脑和眼睛——且不怕尝试。"

这是一首多么好的诗啊，难怪康拉德·希尔顿记忆深刻，它也是成功的箴言，把成功的要素涵盖在字里行间。首先，诗歌说的是英雄不问出处，平凡人也可以有成功的梦，但是需要几个必要的条件。不必特别计算，当机遇经过你身边的时候，你能做到的就是抓住它，而不是强行地去介入，就像康拉德不可能成为一个小号手和一个银行家一样。他缺乏吹小号的天赋，那么就不可能成为大师，而他即便有经营银行的头脑，但是时运不济和遇人不淑让他没有机会在银行业发展。而当旅店业的机会明晃晃的摆在那里时，他的眼睛看到了它，他的双手抓住了它，而且他充满热情投入其中，在困难时不放弃，在关键时刻能用智慧做出准确的判断，最终一个边陲小镇的少年成了世界旅店大王。

在父亲的引导下，康拉德很快就与生意伙伴打成一片。经过了1年的见习期，康拉德·希尔顿独自披挂上阵了。康拉德

非常激动，这对他来说是一个质的飞跃，比起那年与西班牙老妇人的讨价还价获得的加薪待遇，这是更大的奖赏，因为这证明他这只雏鹰可以独自飞翔了。

17岁的康拉德驾着驴车，东奔西走，四处为家。十天半个月的出差把一年切割成了好多段，而每一段都是紧张与惬意的。他与父亲一样，除了谈生意一丝不苟以外，他与那些豪放的当地人喝酒聊天，参观他们的农场，最后满载而归。康拉德一路上并不是匆匆忙忙的，而是逍遥自在的，看看沿途自然风光，享受自己煮的美食。偶尔一个人露宿在人迹皆无的荒郊野外时，黑暗淹没了他和他的货车，恐惧慢慢袭来，他想着海伦·亚当斯·凯勒，联想到海伦的困境，就一点也不害怕了，很快就把恐惧赶走了。是的，海伦·亚当斯·凯勒永远陷在黑暗里，而在旷野里向少年老板康拉德·希尔顿袭来的黑暗不过是暂时的，想到这还有什么不能释怀的呢？小有所成的康拉德在旷野上的时间并不长，他很快就返回了学校，这也是他自愿的。

不过这次学习的时间依旧不长，因为经济危机来了。康拉德这一生经历过好几次经济危机，但是他从没被危机吓退，这可能就跟希尔顿家对信仰和工作的积极态度有关吧。

1907年10月，奥古斯都·胡威·希尔顿的事业由于社会动荡而陷入了低谷。由于纽约的信托公司倒闭，全国银行如多米诺骨牌一样纷纷倒下，很多有钱人一夜之间回到原点。有的比原点还差，一贫如洗，有的幸运一点，还保有一线生机，最相

信实干的奥古斯都·胡威·希尔顿一家就是后者。所以他们迅速调整自己的生活，全家人齐心协力，终于靠坚定的信仰和勤奋的工作安然度过了这一时期。通过这一段的生活经历，康拉德对"信仰"和"工作"有了更深刻的认识，这两样东西成了他人生背包里最永久的携带品。

当时奥古斯都·胡威·希尔顿已经把家安在了环境优美紧邻大海的长堤。玛丽带着孩子住在一座租来的别墅里，那里与海仅有一条街的距离。康拉德在长堤的一所学校上学，除了有着音乐天赋的妹妹伊娃在波士顿音乐学院往专业小提琴手方向发展，孩子们都在玛丽的视线之内。虽然奥古斯都·胡威·希尔顿还在圣安东尼奥与长堤之间来回奔走，但希尔顿一家生活得还是很幸福的。

危机不会有预告受害者的仁慈，希尔顿一家又回到圣安东尼奥绿色的原野上。当然他们不是悲悲戚戚，而是在工作中努力寻找重新获得金钱的机会，因为他们的财富始终在他们的手里，那是信仰、工作和一家人的深情。

希尔顿一家选择了新行业——旅店。

这不是一时的心血来潮，这里就包含了奥古斯都·胡威·希尔顿那首诗里的"头脑"和"尝试"两个方面，他们一家是根据自己的实际情况确定这个方案的。当时希尔顿家有4项有利于开旅店的条件，即开办日杂公司的时候剩下的一大堆日用品、一间位于车站对面的大房子、强壮能干的小希尔顿兄弟和玛丽·希尔顿的一手好菜。这几个条件无疑是开旅店最应有的先决条件，地理位置、备品供给、服务人员和能吸引旅客们的饭菜。天无绝人之路，希尔顿家得天独厚的资本被他们很好地利用起来。

天时不好，但是地利人和，无论什么时候，车站附近都是客流量最大的地方，那里推销员、铁路工人、往返的矿工和为各种目的离开家的旅客都不会太少。事实证明，希尔顿一家的决定非常正确。

希尔顿一家配合得相当默契。父亲奥古斯都是总管，母亲玛丽是一刻不停的大厨，前面有两个帅气的小伙子招待客人，前台后厨合作得天衣无缝。他们先派出年轻的康拉德·希尔顿和卡尔·希尔顿去车站说服旅客走进他们宽敞的旅店。康拉德和卡尔尽职尽责，没有昼夜之分，只要有火车进站，他们就到出站口去招揽客人，并且连在路边打盹的人他们都"不放过"。客人来了之后，玛丽就用香喷喷的菜留住他们，这一招产生了神奇的效果，凡是尝过玛丽厨艺的旅客都对饭菜的味道赞不绝口，希尔顿家的旅店很快就有了名气。虽然"每日2.5美元食宿全包"是很便宜的价格，但是薄利多销，希尔顿家的进账逐渐多了起来。

在圣安东尼奥经营旅店期间康拉德并没有生出在旅店业发展的念头，只是偶尔在得到5美元的天价小费的时候觉得在旅店干活也不错。

不管怎么样，这个家庭旅店的工作经历对康拉德·希尔顿来说还是很有启发的，尽管当时他并不知道。

希尔顿一家在不断的祷告和辛勤的劳动中度过了躲不掉的经济危机，他们不怕辛苦，不惧困难而且勇于尝试，在不断的奋斗以后恢复了过去的辉煌。康拉德·希尔顿是幸运的，他有一个开拓者父亲，可奥古斯都也好，康拉德也好，他们都不是神，他们都是平凡人，但他们用不平凡的人生为平凡的人写下了希望，也写下了寄语。

"成功也会在凡人身上降临"，奥古斯都·胡威·希尔顿写在华丽卡片上的诗句不一定华丽，但是，如果你读懂了它，你就会有华丽的人生。

第二节　实践出真知

理论所不能解决的那些疑难，实践会给你解决。

——费尔巴哈

《尚书·太甲下》有这样一句话，"弗虑胡获，弗为胡成"，意思就是不经过思考就不会有收获，不去实践，就不会有成就。中国明朝著名的哲学家在《答顾东桥书》里也说"尽天下之学，无有不行而可以言学者"，意思就是天下没有不经过实践而空谈理论的学问，要做到知行合一。

作为一个商人，与客户交流就是最基本的技能，康拉德·希尔顿这种商业知识就是在为父亲打工的过程中学到的。

那时候奥古斯都·胡威·希尔顿的生意越做越大。他和别人合股的矿业公司在迦太基矿脉上找到了新矿源，镇里的炼煤炉中燃起了熊熊烈火，产出"希尔顿"焦炭。远在东部的外祖父也听说在美国最南端的新墨西哥州，有一个成功的开拓者，他通过一己之力改变了一个小镇的面貌，这个人就是他的女婿，现在他更不用为女儿担心了。

父亲的商店业务不断拓展，除了买卖货物还开设了邮局。电报机的神奇曾让康拉德着迷，但是经过失败的事情以后，康拉德告诉自己不要在自己没有天赋的领域停留，所以他尽管依旧迷恋电报，但最终还是选择了做一个生意人。

那年夏天他回到家，在父亲的日用品店里当售货员。一次成功的销售使父亲将他的薪水增加了5美元，现在他的月薪已经是15美元了。而这5美元钱的提薪也是来之不易的，好在康拉德非常喜欢这样的"不易"，因为它很锻炼人。

"她很难对付，你好好接待呀！"奥古斯都·胡威·希尔顿小声地对儿子康拉德说，"要当心，别让她用邮票的价格买走一口棺材！"

把话说完，奥古斯都·胡威·希尔顿就走得远远的，把这个难缠的西班牙顾客留给了儿子。这个相当精明的老太太是一个寡妇，性格孤僻而古怪，因善于讲价而出名。康拉德知道考验自己的时候到了，他曾经与她打过交道，做过几笔羊毛和兽皮的生意，虽然最后都成交了，但是过程相当煎熬。那天，她来店里，看中了一双皮鞋。

当时的圣安东尼奥做生意相当自由，除了咖啡和盐这样的食品之外，他们对其他的商品基本没什么"明码实价""谢绝讲价"的观念，买方和卖方都认为讨价还价是天经地义的。而如果你抓住了规律，又遇到旗鼓相当的对手，这单生意就比一场争夺激烈的球赛还刺激，所以最善于挑战的希尔顿家的男人们对这样的买卖从来都是积极应对的，尤其是希尔顿家这个最活跃最顽皮的康拉德。

在商店里帮忙时间长了，耳濡目染，康拉德从父亲和店员那里学到了一些还价的本事，只是缺少实践。平时都是父亲亲自接待这位最会买东西的顾客，现在父亲把这个绝佳的机会给了他，他一定要好好珍惜。他发现还价最重要的是了解自己的商品，只要对商品的质量有信心，那么这场仗就能打得漂亮，当然他也会适当照顾顾客的情绪。如果在一个讨价还价蔚然成风的地方，顾客不能把价钱压下来，他们就不会平衡，他们自然就不会掏钱，即便是面对他们非常中意的商品，他们也不会妥协。所以好商人都了解顾客的这种心理，他们一定会和气生财，但又绝不会做亏本的买卖，毕竟他们不是慈善家。

"不知羞耻的坏蛋！"那个西班牙老妇人问过价钱之后做出极其鄙夷店家的样子，仿佛商店里的人就是强盗，商品的价格就是天价。她一边说还一边把自己的花边围巾抓得紧紧的，好像商店里的人随时都会打劫她一样。

康拉德看了看那双质地无懈可击的鞋子，顿时有了信心，他知道只要周旋得当，他一定会做成这笔生意。

"您花的每一分钱都是值得的。"年轻的售货员康拉德·希尔顿用一点也不年轻的态度沉稳地应对这位老妇人，他语调平稳、表情温和。

"这个价钱就是欺骗人，你们真是丧尽天良！"老妇人并没有康拉德的风度，她口里不停地说着西班牙语，不懂西班牙语的康拉德能猜出来那不是什么好话，但是他还是面不改色。

"给您让10美分吧。"康拉德开始打持久战，"而且你的确需要一双好鞋。从沙卡洛到圣安东尼奥，我敢保证您绝对找不到第二双像这样的好鞋。"

让了一点价以后，老妇人态度有点缓和了，但是仍旧愤愤不平，她不停地抱怨，最后竟然哭了起来，她说康拉德不应该这样无情地对待她这样可怜的、孤苦无依的寡妇。但是眼泪没能打动康拉德·希尔顿，因为这个老妇人并不像她自己哭诉的那样可怜，她身边那养得肥肥的羊和打扮得光鲜体面的儿子出卖了她。

"不，我不能再让了，这的确是一双难得一见的好鞋，您穿上它一定会有不一样的感觉。"康拉德寸步不让。

"该死的！"老妇人突然吼道。

听到这句"该死的"，康拉德暗自窃喜，根据他的经验，这就是对方让步的表现，他们只是心有不甘才这样咒骂上一句，其实就是宣泄一下自己的怒气，通常她对奥古斯都·胡

威·希尔顿这样说的时候就是生意做成了的标志，而奥古斯都·胡威·希尔顿妥协的时候也会这样。

"好吧，就再让15美分吧，不过再也不能让了。"康拉德故意做出为难的样子，于是他看到了老顾客满意的笑容。

这是一笔完美的双赢生意，老妇人买到了称心如意的鞋子，而康拉德不仅为商店赚到了利润，还挣得了涨工资的机会。康拉德的得意之情一点也不比那个西班牙老妇人少，他的工资因此涨到了15美元。

"干得不错！"奥古斯都·胡威·希尔顿拍拍儿子，"既像个绅士，又像个生意人。"

是的，康拉德·希尔顿就是一个绅士商人。在越来越多的讨价还价战役中，他明白了一个道理，买方和卖方都有一个合理的价格点，只要找准了这个"点"，就没有做不成的买卖。而且这个"点"不仅在小商品比如鞋帽、内衣上存在，在大的羊毛、兽皮等商品上也存在，甚至在更大的旅店买卖中也存在。加了薪的康拉德在一线与顾客打交道的机会越来越多，他在商场的经验也越来越丰富，而这些经验为康拉德日后在旅店经营方面打下了牢固的基础。

中国清代学者王夫之在《周易外传·系辞上》说："见闻之知，不如心之所喻，心之所喻，不如身之所亲行焉。"这句话就是对实践出真知最好的诠释。我们从见闻中得到的知识不如那些了然于胸的，而了然于胸的，不如经过实践体验得来的。把握好每一个实践的机会，在行动中去充实自己、武装自己，这才是真学问真本领。

第三节　做一个好演员

> 艺术的大道上荆棘丛生，这也是好事，常人望而却步，只有意志坚强的人例外
>
> ——雨果

最好的演员绝不会以夸张的表情和口吻来吸引观众，而是用心去体验角色的内心世界，按照角色应有的特质把自己变成一个可信的、真实的人。香港著名演员和导演周星驰有很多非常夸张的作品，但是仔细推敲，每一个人都演出了他本真的性格，比如他的"大话西游"系列，孙悟空的执着与唐僧的坚定看似滑稽，可是仔细想想，那就是他们性格中最重要的特点。周星驰还有一部电影，是他的《喜剧之王》，主人公是一个做着明星梦的跑龙套演员，他敬业的精神和对表演真谛的准确把握，让人们看到了一个为梦想而努力的小人物身上所拥有的痛苦和伟大。

"你很适合朗诵，唐尼。不过，我劝你放弃这些表演，你是一个州议员，你不是演戏的！"玛丽·希尔顿严肃地对要去赴任的儿子——年轻的州议员康拉德·希尔顿说。

在很多人印象中，康拉德·希尔顿每一次的演讲都获得了巨大的成功，他幽默风趣又感情真挚，无论什么内容他都能驾驭得非常棒，好像他天生就是一个演说家。其实不然，康拉德·希尔顿在演说方面曾有过惨痛的失败经历。

每一个政客都要过口才这一关，曾经希望在仕途发展的康拉德·希尔顿也不例外。他在23岁那年加入共和党，在获得提名时，他被要求当众讲几句话。尽管康拉德和顾客打交道很有一套，但是，当他面对着台下密密麻麻的听众时，他突然失去了讲话的能力。会议结束后康拉德觉得自己很丢人，他买了几本提高演讲水平的书，按照书里说的那样，把演讲的八个要诀背得滚瓜烂熟，而且抓紧时间练习。不久以后，康拉德认为自己可以把演讲理论运用得非常娴熟，他就到处找听众进行实际演练。

当然，他的第一选择就是身边的人，也就是他的家人，可是听众实在太有限。当他获得胜利担任新墨西哥州第一届代议机构中最年轻的议员时，家人淡定得让他有些伤心。

"有人要去当小官了！"弟弟卡尔并不支持哥哥，他认为哥哥正在做一件可笑的事。虽然日后证明他的想法没有错，但是在当时这的确刺痛了他哥哥满怀憧憬的心。

康拉德没有因为卡尔的打击而退缩，他离开了正在收拾行装要到安娜波利斯的海军学院就读的卡尔，去找妹妹听自己的演讲。可是妹妹费莉丝也很忙，她要去裁缝那里。

妹妹听完康拉德的演讲说："太棒了，唐尼！"但是说完这句话就以康拉德无法接受的态度问康拉德她是否适合穿蓝颜色的衣服。

这样的人是不适合做听众的，康拉德自己也明白，好在他还有一个忠实的崇拜者，那就是他最小的弟弟。每一次在小弟面前展示完他滔滔不绝的口才，小弟就会向他投来无比钦佩的眼神，让康拉德感到很有成就感。不过这种安慰实在太有限，就像一个超级巨星兴奋地登台却遭遇冷场，虽然只有一个粉丝，但是聊胜于无。

好在，康拉德还有一个非常善解人意的妈妈。他按照演讲学的方法把自己精心准备的就职演说在妈妈面前有感情地朗诵出来，他非常期待妈妈的肯定，他觉得妈妈可比小弟的欣赏水平高多了。

"所有的装腔作势都是有罪的，唐尼！"玛丽·希尔顿非常严肃地对康拉德·希尔顿说。

康拉德没有想到自己这么多天来的努力不仅没有得到赞赏，反而得到了这样严厉的批评，他愣在那里。

"你把自己藏起来，做出一大堆空泛的手势，你那么害怕表现真实的自己吗？简直在给上帝蒙尘。耶和华创造了你，如果你相信他，你就该充满自信，坦诚地面对自己，坦然地表现自己。"玛丽·希尔顿接着说，"这些技巧百无一用，你应该学的是祷告！"

玛丽·希尔顿耐着性子听完康拉德的演说，与其说听完还不如说看完。她明白儿子的演讲理论是从书上得来的，可是

"纸上得来终觉浅，绝知此事要躬行"，她深谙此理，所以一向含蓄和善的她毫不留情地指出了儿子的错误。在家里被嘲笑和批评总比到外面出丑好得多，而且这不仅仅是表演的问题，还是一种做事的态度。

事实证明，听妈妈的话是有好处的。康拉德·希尔顿在正式演讲时放弃了那些浮华夸张的技巧，他只说了该说的话，可是他得到了观众最热烈的掌声。从那时起，康拉德·希尔顿的每一次演讲都只说该说的，他做了一个最真实的自己。

有人说人生如梦，眼睛开阖之间瞬息而过，不留痕迹，有人说人生如戏，戴上面具扮演一个陌生的角色，摘下面具时已是永远的黑夜，其实这些都是那些懒惰者的托词，是那些空虚者的借口。人生如梦，但需要你自己用双手去营造一个绚丽的梦境，人生如戏，但是是一个苦苦磨炼演技才能获得掌声的连台大戏。每个人一生都是一场表演，能否获得掌声取决于你的演技。然而要想征服别人，必须用心去体验，必须下功夫了解生活，必须明白观众到底需要什么。

Conrad Hilton

第四章　成功路上无坦途

- ■ 第一节 "再努力一次"
- ■ 第二节 弯路是前奏
- ■ 第三节 找到"深水区"
- ■ 第四节 自己的天地
- ■ 第五节 行动通向收获
- ■ 第六节 不用扬鞭自奋蹄

Conrad Hilton

第一节 "再努力一次"

> 伟大的作品不是靠力量，而是靠坚持来完成的。
>
> ——约翰逊

康拉德·希尔顿20岁的时候曾经做过一个与商店、旅店都没有关系的工作，那就是"乐队经纪人"。当时康拉德像所有的年轻人一样想自己安排生活，但还是学生的他没有足够的独立能力，所以那个暑假按照惯例，他接受了父亲给他安排的新身份。

颇有音乐天赋的伊娃·希尔顿学成回乡，看着青春靓丽的女儿，精明的奥古斯都·胡威·希尔顿想到了一个好主意。他建议伊娃与一个中音歌手和一个钢琴手组建一个乐队，这样她们既能学以致用，又能给人们带来音乐的享受，把东部的文化传播给南部的新墨西哥地方。而这个女子乐队要有人来保护，有人为她们做宣传、做事务性的工作，这个光荣的使命就责无旁贷地落在了年轻力壮的长子康拉德·希尔顿的身上。

经过一番筹备，"希尔顿三人乐团"开始巡回演出了。

第一站自然是家门口，天时地利人和会给这些音乐新人减轻压力，舞台就设在希尔顿家的五金店里面。果然，演出的那一天，圣安东尼奥的乡亲蜂拥而至，把五金店挤得水泄不通。舞台上的三个女孩儿风华正茂，青春的魅力征服了所有观众，观众毫不吝惜地把热烈的掌声送给了三个演员。

第一站成功以后几个年轻人兴奋异常，他们信心百倍地开往下一站沙卡洛。如预期的一样，热情的观众把演出推向了一个又一个高潮，演员们和她们的经纪人都有一种飘飘然的感觉。她们一路高歌，挺进了蒙大拿矿区。可以想象，那些粗犷豪放的男人看到这三个妙龄少女的那种激动情绪。舞台上的青春靓丽与矿井下的黑暗阴冷形成了鲜明对比，这次矿区表演让几个年轻人膨胀起来，空前的盛况让他们忘记了疲惫，他们向下一站进发。

可是，花无百日红，乐队很快就遇到了重创。

在偏僻的小镇拉斯克鲁斯，康拉德花了15美元租来了场地，整理了一下剧场就站在门口售票。可是与前面任何一场都不同的是直到开场45分钟以后才卖出了6张票，收入为4.5美元。这样的冷清让几个年轻人感到失望，但是他们还是表现出了一种良好的风度，演员们为6位观众免费赠送了一首歌，然后把票钱退给了他们，结束了这场短暂又冷清的演出。

"搞砸了，把她们接回去吧。"康拉德给父亲发了一封电报。

"班师回营。"奥古斯都·胡威·希尔顿这样回复，可是随后他又追加了一条建议，"还是再做一次努力吧，到银城去，那边有很多熟人。"

于是，"希尔顿三人乐队"带着期待与失落的复杂情绪来到了银城。康拉德是一个比较合格的经纪人，虽然他自己不这么看。他总结了在拉斯克鲁斯演出失败的原因，最重要的就是宣传工作没做好。本来那里就是一个陌生的地方，地理位置又偏僻，当地人对这种音乐表演并不熟悉，所以作为经纪人，他没有考虑到这些问题就匆忙租借场地开始演出，结果可想而知。他知道自己的职责，他不能重蹈覆辙。

到了银城，康拉德把演员们安顿好之后，就开始出去宣传。银城的老朋友们听说了"希尔顿"这个名字都很捧场，卖出去不少票。为了万无一失，演出之前，康拉德·希尔顿还带着演员们到街上做了一次宣传游行，又争取到了一些观众。这场演出比拉斯克鲁斯好多了，观众们很热情，但是叫好不叫座，最后一算账，收入的50美元还抵不上这次演出的支出。不过总比那场颗粒无收的退票演出好多了，乐队成员也增加了一些动力。

"再努力一次吧！"

这是一条非常好的建议。因为如果"希尔顿三人乐队"在拉斯克鲁斯小镇失败以后就打道回府，那么就不会有后来银城、卡里佐佐、阿尔布格和圣达菲等地越来越好的成绩。

离开银城以后，"希尔顿三人乐队"到了白橡城附近的卡里佐佐。让康拉德与他的演员激动不已的是还未开场他们就收入了50个铜子。原来，卡里佐佐是奥古斯都·胡威·希尔顿

买办货物的必经之处,这个性格爽朗的外乡人在这里非常有人缘,所以当看到乐队旗号为"希尔顿"的时候,当地人通过买票表示了他们对奥古斯都·胡威·希尔顿的友好。

其实奥古斯都·胡威·希尔顿是乐队的灵魂,他在圣安东尼奥遥控着这些年轻人,他总能很好地把握乐队的方向,给他们动力。在孩子们沮丧失意的时候他会给孩子们施加一些压力,让他们不轻易后退。比如拉斯克鲁斯演出失败后,他一方面表示可以让孩子们回家,另一方面又劝说孩子们再尝试一次,最终让孩子们摆脱了阴影。而当孩子们在银城取得一定成绩的时候,尽管经济收入不尽如人意,他也会鼓励他们,他说孩子们大有作为,要"希尔顿三人乐队"继续演艺之路。就这样,康拉德带着三位美女到了大城市阿尔布格。

在新墨西哥州的大城市阿尔布格,"希尔顿三人乐队"取得了空前的成功。五金店和矿场演出的盛况在阿尔布格重现了,而两者的意义却不一样,对于乐队而言,这里的成功才是真正的成功。这次成功让康拉德又一次知道了宣传的重要性。

在阿尔布格,康拉德遇到了一个热心又有感染力的记者凯利。也许都是年轻人的缘故,凯利非常喜欢同样由年轻人组成的"希尔顿三人乐队"。凯利自告奋勇地为乐队进行宣传。这个可爱的小伙子有着超强的鼓动能力,在他的大力宣传下,不仅阿尔布格的人们知道了这个小小的乐队,而且圣达菲的人们也知晓了这个靓丽的乐队。两个地方的演出结束后,乐队经纪人康拉德·希尔顿计算了一下,每个城市净赚75美元!

总之,"希尔顿三人乐队"成功出发又凯旋而归,虽然中间有拉斯克鲁斯小镇的失败,但是这也为这次演出之旅增加了一些刺激。失败与成功交织在一起,得意与失意是一对孪生兄弟,这种事业发展的波浪曲线让康拉德·希尔顿日后做生意的时候对成败有了一些心理体验。

暑假结束的时候,"希尔顿三人乐队"回到了圣安东尼奥,他们的成绩是亏损24美元和一本厚厚的贴满了他们乐队演出新闻的剪贴簿。还有一些看不见的收获,比如游览了南部各地,增广了见闻,结识了一些朋友,女孩们也满足了自己的虚荣心。而对于康拉德·希尔顿来说,他对"生意"有了更深入的认识,而且记住了父亲的那句话——"再努力一次"。

其实我们都需要"再努力一次"。

第二节　弯路是前奏

> 斗争是掌握本领的学校,挫折是通向真理的桥梁。
>
> ——歌德

人生不可能一步到位,找到一个偶像比较容易,可是找到能成为别人偶像的道路不太容易。康拉德·希尔顿23岁那年,他总结了一下自己的成长之路。那一天，他看着妹妹伊娃幸福地出嫁，妹夫是一个东部绅士，风度翩翩，在马萨诸塞州经营纸张生意，伊娃为了他放弃了自己的小提琴。康拉德想想自己也不算小了，工龄都有11年了，可是现在他有的只是一家店铺，而这家店铺还不是自己打拼出来的。经过一番思量，他做出了一个抉择。

大丈夫当报效国家，"治国、平天下"多么让人振奋！康拉德·希尔顿决定投身政界。当一个政客不是一时冲动，这是康拉德·希尔顿经过考量后的决定。康拉德有个堂兄，以前曾在父亲的商店做伙计，可是，现在他已经有了自己的产业并且在政界颇有影响，其政治身份是共和党中央委员会主席兼沙卡洛荣誉郡长。此时他正雄心勃勃地向更高的目标进发，他要在政界官员换届之时辞去郡长的官职去竞选州长。那时候也是罗斯福退出政坛4年后复出的时节，大家内心都有一种狂热和冲动，想在政治上施展自己的抱负。身边和远方的政客都激情四射，每当谈起国家民族命运时都会口若悬河，青年康拉德不禁产生了从政的想法，他想角逐州议会议员。

"我想你会干得不错！"堂兄郑重地对康拉德·希尔顿说。康拉德对自己当选州议员很有信心，因为他对周围的每一张面孔都很熟悉，记得每一个人的名字，而且这些人也都知道他。他希望自己名垂青史，他也相信自己有能力越走越远，他的名字不仅在圣达菲被熟知，甚至在新墨西哥州都能人人传颂。康拉德积极宣传自己的主张，他获得了很多人的支持，但是不包括他的父亲。最终，康拉德·希尔顿以1821票对1578票打败了对手，对手得到的那些票中还有奥古斯都·胡威·希尔顿的一票。

奥古斯都·胡威·希尔顿先生对于儿子成为最年轻的州议员并不以为然，这一点可以理解，因为他与儿子的阵营不同，但是家里的其他人对康拉德顺利迈出仕途的第一步也没有表现出什么兴奋，这让康拉德有些郁闷。妈妈只是简短地祝福了他，姐姐和妹妹也都礼节性地恭喜了他，以后大家就各忙各的了。这似乎是希尔顿家比较务实的家族性格，所以当康拉德·希尔顿发现政治工作无非就是一场虚无的大梦后，他就收手不干了。当然，最初的时候他是兴奋异常地走进那个梦里的。

没过多久，康拉德·希尔顿对自己的选择就冷淡了，因为他觉得政治就是文山会海，自己成了程序、谈判和公文审阅流程中的一个齿轮，而他感兴趣的民主政治方面让他发挥的地方却很有限。

州议员的工作地点是圣达菲，康拉德·希尔顿离开圣安东尼奥只身前往。他空前地忙碌，好像有用不完的精力。可是没过多久他就感到厌倦了，并不是因为身体的疲惫，而是因为他看到了政治的"真相"——虚伪和欺骗。他参加了8个委员会，拟定了19个法案，但是只通过了其中的9个。而他本人只办成了一项法案，而且他认为，这项法案的通过是因为在当时看来无足轻重才没被否决的。因为康拉德·希尔顿深信汽车终

第四章 成功路上无坦途

有一天会代替马车和自行车成为最重要的交通工具，所以他在一项法案里提出了若干公路标志的办法。20世纪初，汽车还是一个新生物，德国人在19世纪80年代后期获得了汽车发明的专利。戴姆勒和奔驰在欧洲大陆建造了汽车制造厂，可是远在北美最南端的新墨西哥州还没有真正见识到汽车的未来，所以保守的议员们通过了这项他们认为可有可无的法案。没想到，这个法案在多年以后成了提议者康拉德短暂政治生涯的一个辉煌成就。

康拉德·希尔顿决定彻底放弃仕途是因为一项被否决的提案。康拉德认为公款是政府用于提高民众利益、改善民众生活的公民们的专用资金，政府只不过是代为保管和使用，而不是假公济私、中饱私囊。他看到当时公款都存放在一些即将倒闭的银行里，那些银行与州议员们有着理不清的关系。这些银行往往在开张时办理一些基本业务，但是大多数银行在房子的油漆还没干时就宣布倒闭了。于是，随着银行的倒闭，原先存进去的公款自然就"蒸发"了。根据物质恒定不变的原理，那些蒸发后的公款当然没有消失，而是被银行和议员们私下瓜分了。针对这种政治腐败现象，年轻的议员康拉德·希尔顿提出了一项法案，要求将公款和政治分开，专门设立一个管理部门。结果，有经验的老议员们以这个提案"不符合穷人利益"为由否决了它。

"唐尼，难道你在圣达菲学到的就是这些吗？"玛丽·希尔顿有些恼怒地对年轻的政客康拉德说。当时康拉德正把从圣达菲学到的时而像狐狸、时而像骆驼的动物舞带到家乡广为传播。

"不，我不想再从政了，我不想再当一个政客！"康拉德斩钉截铁地对他敬爱的妈妈说，"这是我学会的最重要的事情。"

所以从圣安东尼奥走出来的康拉德·希尔顿又回到了圣安东尼奥。他在任职期间对于"孤掌难鸣"这个词汇有了切身的体会，对道貌岸然的政府官员们的丑态一览无遗。他明白自己在这条路上绝对不可能按照自己的意愿发展，于是他很快就用"骆驼"姿态，老老实实、平平安安地度过了几乎毫无建树的议员阶段。最后他决定回家当一个自由的"平民"，而且他发誓永久退出政治生活。

多年以后康拉德·希尔顿发现自己放弃从政是个明智的选择。当州议员时他除了学会跳各种姿势的舞蹈以外，还结识了当地最美的女郎傅尔法官的女儿裘安，最后他们步入了结婚殿堂，可是这段由"政治"做媒的婚姻也非常不成功。如果说这段失败的政治生涯给了康拉德什么收获的话，那就是：人一定要找准自己的位置！

康拉德·希尔顿的前岳父傅尔法官的经历，也证明他退出政治领域的决定是正确的。傅尔法官当年在康拉德与他表兄一干人等的支持下当上了参议员，并且一帆风顺成了内阁成员。可是到了晚年位高权重的他却因卷入一宗政治贿赂丑闻而焦头烂额，晚景凄凉。"如果当初我们不支持他会怎样呢？"看到了自己一度那么敬重的傅尔法官沦落到这样的地步，康拉德这样想。

康拉德·希尔顿的从政经历和傅尔法官的命运可以告诉我们一些道理。生活中有些事情是值得追求的，但是当你发现真相的时候，要及时刹车。就像那个"用钱买钱"的游戏，只要你跌进去并不能自拔，结果就是损失惨重，轻则损失的是一些金钱，重则是你一生的美好时光。

"用钱买钱"的游戏是美国耶鲁大学经济学家苏比克设计出来的。游戏者先拿出一张大额面值的钱，用拍卖的方式以超低的起拍价让大家竞拍。比如你拿出一张1000美元面值的大钞，以50美元为单位，到没有人加价为止，取价格最高的两个人，第一名可以拿走这张钞票，但是要付出你的竞拍价，第二名拿不走这张钞票，但仍然要付出你的最后竞拍价。这样的游戏有很多人做，最大的赢家就是那个拍卖者。在一场真实的游戏中，有人花2050美元买到了面值1000美元的钞票，而有人花了1050美元，买到了第二名，显然这场竞争的状元和榜眼都是输家。而他们如果一开始就不参与这个游戏就不会有损失，或在刚刚起步时就像其他参与者那样停下来，他们就不会到最后输掉了钱也输掉了游戏的快乐。

所以我们要把我们最宝贵的金钱——生命，花在最能体现我们价值的地方，就如康拉德·希尔顿，他放弃了仕途之后，尽管又走了一段弯路，最终还是找到了自己最擅长的领域，不仅为自己创造了财富，还给别人带来了温暖。

第三节　找到"深水区"

> 在理想的最美好世界中，一切都是为最美好的目的而设。
>
> ——伏尔泰

水深的地方能行得大船，但是也只有大船才能在水深的地方操控自如。

得克萨斯州就像一座金矿，不仅吸引了康拉德·希尔顿，当然也会吸引全国各地的淘金者，他们蜂拥而至，但是成功的人究竟几何？至少在康拉德与朋友威尔这两个人中间成功率也只有50%，因为到了得克萨斯不久，威尔就觉得混乱的德州不适合他发展，他打道回府了，留下了只有5000美元创业基金的康拉德·希尔顿。

康拉德与威尔初到得克萨斯的时候，他觉得那里像一个燃烧的火炉，燥热难耐，而且四面八方汇聚而来的创业者们好像把空间都占尽了。他们找不到吃饭和睡觉的地方，在嘈杂的人丛中茫然而无助。威尔一向保守成性，他来得克萨斯只能证明得克萨斯太过传奇，连他这样的人都跃跃欲试。但是机遇与挑战伴生，保守的人是无法在无序混乱的陌生环境里生存的，所以威尔选择了回家。

20世纪80年代的中国刚刚改革开放,有一部分人看到了机会,他们放弃了公职到商海里闯荡,获得了高于工资几百倍几千倍的金钱。而有很多人留恋单位里"旱涝保收"的工资不肯出去尝试,几十年后还是原地踏步,把希望寄托在涨工资上。所以很多人不愿意参加老朋友聚会,因为那是一种成败的对比。回顾人生,机会均等却由于选择不同而造成的差距还是令一般人无法平衡的。其实,成败得失无法衡量,那些成功的人付出的艰辛也是难以想象的,康拉德·希尔顿走出圣安东尼奥以后,经历了无数次的失败,在无数次肯定和怀疑中拷问自己,最终才有了卓越的成就,而且,世界上只有一个康拉德·希尔顿,没有人能复制他。所以,要想成为最优秀的那个人,就必须有过人的胆识和智慧,就像康拉德·希尔顿那样。

康拉德驾着理想的大船来到了得克萨斯州,他依旧把航向定在银行领域。他先到了维契塔,找到当地的一家银行,会见了银行的董事长。

"我想买你们的银行。"康拉德·希尔顿开门见山地说。

"我们不会卖给你,无论你出多少钱。"对方的语气和得克萨斯的气氛成反比。

遭到拒绝的康拉德一点也不气馁,他觉得这很正常。他有过经营银行的经验,他知道,在这个生意兴旺、人潮如水的地方,银行一定大赚特赚,谁肯把一块肥肉轻而易举地让给别人呢？换作他，他也不会。

走在街上，穿着皮靴的石油工人趾高气扬地迈着有力的步子，金光闪闪的裤子异常惹眼，好像他们正在向着百万富翁的行列开进。黑色黄金就像兴奋剂，把整个德州都刺激得不肯安宁。银行、商场、旅店和餐馆人满为患，摩肩接踵的人们为利而来、为利而往。佩枪的人们毫不顾忌的露出他们的武器，不为炫耀，而是这里激烈的打斗随处可见。得克萨斯真是一个让人热血沸腾的地方，埃梅特·华海先生说得对，有石油的地方就有一切。

当初奥古斯都·胡威·希尔顿没有选择沙卡洛，因为那里太大也太乱。如今，康拉德·希尔顿也因为同样的原因放弃了维契塔。他来到了勃里根里契，那里与维契塔一样，遍地石油，饮用水都是一股石油的味道。最后，康拉德·希尔顿来到了兰吉油田附近的席斯可，他的人生开始了新的一页。

席斯可是一个牛仔城，喧闹而年轻，城市不大不小，就像圣安东尼奥与沙卡洛之间的关系一样，静中有动，动中有静。康拉德·希尔顿有着与父亲一样敏锐的嗅觉，成功正在向他招手，可是，第一次却是一个假象。

下了火车，康拉德直奔自己见到的第一家银行，他问他们卖不卖，居然得到了肯定的答案！

"75000美元！"对方开出了价码。

康拉德查了查账册，觉得没有问题，他想这就是埃梅特·华海先生说的最能赚钱的地方。虽然他口袋里只有5000美元,只是开价的一个零头,但是他有信心找到合作伙伴。

"好,我买下了。"兴奋的康拉德连还价的耐心都没有,就给在堪萨斯的店主发了一封电报,他仿佛已经看到了自己的银行王国。

或许是对方看出了康拉德的诚意,回电的时候,价钱发生了变化,就是这一变化,彻底改变了康拉德·希尔顿的命运。

"涨至8万,勿还价。"这就是一个堪萨斯人给康拉德·希尔顿的一个冷枪。

"银行还是他的。"这是康拉德的回答,一个不信守承诺的人是不配和人交易的。或许真的是命运在眷顾那些讲诚信、守诺言的人吧,康拉德因为一个不守信用的堪萨斯人的愚弄而改变了经营方向。而几年之后,油价大跌,从3美元降到1美元,靠买卖石油的资金运转的银行都大亏特亏、纷纷倒闭,而康拉德·希尔顿却因为没有驻足于银行避免了这样的损失。

可见坚守原则永远有好处,诚实守信给康拉德·希尔顿带来了好运气。

在酷热的席斯可,康拉德·希尔顿非常气愤,但是他没有离开,他觉得席斯可对他的诱惑绝对不是一个银行买卖失败就能减退的。

从邮局出来,一座由红砖砌成的旅店进入了康拉德的视野。聪明的人能猜到,这个旅店对于康拉德·希尔顿意味着什么。

是的,这就是"旅店大王"发家的地方——毛比来旅店!

毛比来旅店里人挨着人，康拉德·希尔顿借着身材高大的优势挤到了服务台前。

"客满！"康拉德得到的回答和那些挤不到前台的人一样。

人们回到客厅坐下，康拉德没有座位，只能靠着墙壁站着想出路。

"老兄，真抱歉，8个小时以后再来吧。"一个在人群中穿梭自由的人在经过康拉德的时候对这个倚墙而立的高大男人说，尽管他的语气里一丝歉意也没有。

"如果你运气好，那时候或许你能等到一个床位，不过现在还请您出去吧。"那个人接着说。

听了这话，康拉德·希尔顿怒不可遏，尽管他对席斯可印象非常好，但是刚刚受到银行老板的无礼涨价碎掉了一个银行梦，现在竟然连一个落脚的地方都没有。康拉德怒火中烧，简直想跟这个面无表情的人理论一番，可是一个念头使他说出来的话完全变了样。

"你的意思是这里每8个小时换一批客人？"康拉德·希尔顿问那个赶他走的人。

"是的，一天3班，每班8个小时。这里天天拥挤不堪，只要我愿意，客人们甚至愿意出钱睡在餐桌上。"那个人苦着脸说。

"你就是老板？"康拉德听出了对方的身份。

"对，我是老板，我可被它困住了。"老板不禁向康拉德诉苦。

"这里生意看起来很不错呀！"康拉德感到困惑。

"是，这里人来人往，看起来不错，但是不能赚大钱。我当初就错在把钱都投在这家旅店上了，如果我把钱放在石油上，就好了。"毛比来旅店的老板懊悔自己投资的失误，他说出了一句让康拉德·希尔顿意想不到的话，"你愿意买下它我就太感谢你了。"

"你是说……你要把这个旅店卖给我？"机会来得太容易了，康拉德再一次兴奋起来，可是这一次他却没有像在银行那样把迫不及待的情绪流露出来。

"谁要是给我5万美元的块现金，这座旅店就是他的了。包括我的床铺！"旅店老板很肯定地说，看来他真的是被这个旅店累疯了。

"你确定吗？"康拉德·希尔顿再一次怀疑自己的耳朵。

"我要现金，一手交钱一手交货！"旅店老板肯定地说。

"那么我想查查账。"康拉德·希尔顿镇静地说。

这可真是最巧的买卖了，一个偶然路过想发家的旅客，刚好碰到一个厌倦经营的老板，或许这就是命中注定，这让康拉德·希尔顿改变了自己的初衷，他更适合的领域不是银行，而是旅店。

查了3个小时的账以后，康拉德觉得那个老板疯了。他走出旅店，立刻给吕屈安发了一封电报，说有个能赚大钱的事业在等着他们。果然，华海先生没有看错吕屈安，他非常希望在得克萨斯发展，接到电报后吕屈安就以最快的速度来到了席斯可。

"我是搞银行的，我完全不了解旅店。"当吕屈安得知赚钱的事业不是银行而是旅店时他有些沮丧。

"我不算外行。"康拉德对新来的伙伴说。他还简单地向吕屈安说了一下希尔顿家庭旅店的情况。

"他不是呆子就是傻瓜！"就连旅店外行吕屈安看了毛比来旅店以后都得出了这样的结论。

"他是个疯子，是一个为石油发疯了人。"康拉德说。

不管毛比来旅店的老板是呆子、傻瓜还是疯子，他还是一个生意人，所以康拉德要与这个老板正常地讨价还价，最后把价钱定为4万美元，要求就是一个星期之内交现金交易。

"过一天都不行，我说到做到。"旅店老板补充道，看来他也有清醒的时候。

经过几天的奔波，康拉德他们凑到了2万美元。吕屈安找到了一个石油商人史密斯，他出资5000美元，康拉德的母亲玛丽·希尔顿汇来了5000美元，康拉德在沙卡洛农场的朋友也出资5000美元。4天之后，康拉德、吕屈安和史密斯走进了席斯可银行，银行的贷款条件是必须要用实物作抵押。

这时候的康拉德想起了父亲奥古斯都·胡威·希尔顿在他们的银行快倒闭时拿出的那两封救命电报，他多么希望自己也能变出那样的电报啊，可是他没有那种魔法。他更知道，当初那两封电报绝不是父亲用魔法变出来的，一定是父亲去争取的，于是他再一次走进了唯一能帮助他的银行。

或许是康拉德·希尔顿的诚实打动了银行经理，因为康拉德如实地向银行经理说，他们手里现在只有1.5万美元现金，跟银行要求的2万美元基础资金还有一定的差距。银行经理沉默地在转椅上向左、向右，向左、向右。

"这就很难办了，本来你要走好运了。"银行经理对康拉德说。

看来是有机会的，一个新的想法产生了。

"我的朋友有一个牧场，价值2万美元，你能不能先借给他5000美元，他以后一定奉还。"康拉德小心翼翼地说。

"好吧。"银行经理说。

就这样，毛比来旅店易了主，康拉德·希尔顿正式进军旅店行业，他这艘大船在石油遍地的堪萨斯州下水了。

从康拉德·希尔顿寻找人生目标开始到他在旅店领域立足，他用了8年的时间，可见，找到自己的位置，是需要耐心的。在寻找的过程中，坚定不移的信念和无比敏锐的洞察力以及灵活的应变能力都是不可或缺的，如果你有了这几样东西，恭喜你，你的船也可以起航了。

第四节　自己的天地

>意志的出现不是对愿望的否定，而是把愿望合并和提升到一个更高的意识水平上。
>
>——罗洛·梅

雏鹰在父母的羽翼下是永远学不会飞翔的。1919年，康拉德·希尔顿失去了他的父亲。奥古斯都·胡威·希尔顿驾车出去谈生意的时候汽车滑进结冰的河里，河水带走了他的热情和生命。

康拉德决定撑起父亲留下的家业。他在沙卡洛弗地旅店租了一个房间，处理父亲的传统生意，把那些羊毛、兽皮、牲畜和牛皮买来卖去。但是这种囿于一间小屋子的工作不是事业，夜深人静的时候，康拉德再一次总结前面走过的路。少年时他是与顾客讨价还价的店员、卖青豆的小贩、家庭旅店的服务员，青年时他是精明的矿主、无聊的政客、勤奋的银行家、保家卫国的军人，这么多身份如此密集地出现在康拉德31年的生命中，每一种身份都让他有所收获，可是并没有让他成功。现在，他住在这每月30美元租金的旅店，一切顺利。这是一个小本生意，不生也不死，不能失败也谈不上成功。父亲的梦远去了，康拉德也有自己的梦想。他要重新上路，一条属于自己的商路。

奥古斯都·胡威·希尔顿走得很突然，但是他给家人留下的精神和物质财富并不少。康拉德计算了一下，父亲留下的钱大约有4万美元，家里的孩子们除了海伦都独立了，这些钱足够养活母亲和海伦了，他可以放心地去闯荡了。问题是他自己的积蓄只有5011美元，这些钱能干什么呢？他不知道，可是他知道自己还有一个伟大的梦想，虽然这个梦想还有一点模糊，但是很强大，强大到足以让他走出去。

在经历了人生多重角色以后，康拉德·希尔顿要找到真正属于自己的位置。

寻找道路是最难的一件事，很多成功人士都不是一步到位的。

康拉德的政客生涯就是他的一段弯路，但是就像他自己认为的那样，他有一个梦想，足以强大到让他不断去寻找，直到找到为止。他一度以为"银行家"就是自己的梦想，所以他在25岁那年建立了一家银行，并在26岁那年成为银行的副董事长，在27岁那年银行初具规模。但是第一次世界大战爆发，为了保卫祖国，"先做一个美国人，再做一个银行家"，康拉德忍痛割爱，暂时放弃了经营银行，没想到这一放，他就永远地与"银行家"无缘了。战争结束后，见多识广的康拉德不想在家乡那个小池继续游戏了，他要到更广阔的外面去为成功梦而努力。尽管他仍旧是以当银行家为目的出发的，但是旅店经理的位置却命中注定地在那里等着他。

"我想重整旗鼓，却不知道该怎么办。"康拉德向妈妈诉说自己的烦恼。

"唐尼，去找你自己的世界吧。"刚刚丧夫的玛丽·希尔顿对儿子说。

玛丽·希尔顿懂得梦想在一个人生命中的重要性，她也不是一个囿于小镇见识狭小的女人，当30岁出头的儿子康拉德还犹豫不决的时候，她给了他明确的态度：

"'要放大船，必须先找到水深的地方'，你父亲的一个好伙伴曾经这样说，他说得很对。"

于是，康拉德·希尔顿再一次走出了圣安东尼奥，这一次他不是为祖国，而是为自己。

在阿尔布格，康拉德·希尔顿遇到了熟人华海先生。

当银行家的日子里，康拉德·希尔顿曾经活得轻松并快乐，他经常出现在阿尔布格一个名叫"光棍"的俱乐部里。那个俱乐部名不副实，虽然它是由一群光棍汉组织的，但是它的目的不是鼓励男人们单身，相反，它的目的是使男人们摆脱单身。那里每个月举办一次舞会，如果哪一个单身男人在舞会开始前与某位女郎共进午餐，那么这就算是完成了订婚仪式。当时康拉德·希尔顿有一个固定的舞伴，叫伊莲娜，他们不但一起跳舞，而且还吃过几次饭。伊莲娜是一个非常美丽的女孩儿，她的父亲是一位功成名就的商人，叫埃梅特·华海。

让离家闯荡的康拉德·希尔顿没想到的是埃梅特·华海先

生不知道从哪里得知了自己到阿尔布格的消息，他派人把康拉德找到了家里，因为他已经病得不能下床了。

"唐尼，到得克萨斯州去吧，你会成功的！"身体虚弱的埃梅特·华海先生亲切而肯定地对康拉德说。

康拉德·希尔顿知道埃梅特·华海先生一直都很欣赏他，而且也知道华海先生是一个很有魄力的商人，曾经为了石油放弃过在伊利诺州非常有影响的成衣生意，而且他对石油方面的消息一直都很关注，这个慈祥、有主见的老人的话是值得考虑的。

"可是，对石油我可是一窍不通啊！"康拉德·希尔顿忍不住说出了自己的担忧。

"你说的是开采石油吗？我也是。"被康拉德·希尔顿看作石油专家的埃梅特·华海先生肯定地说，说得康拉德·希尔顿一头雾水。可是，埃梅特·华海先生接下来的一番话让康拉德·希尔顿茅塞顿开。"你还没有真正地了解石油，要知道，只要有了石油就有了一切！事业、金钱、物资、银行、商店，等等，应有尽有！"

"先生，我的本钱不够，在这里，也许5000美元可以有所作为，在得克萨斯，恐怕就是杯水车薪，连烟钱都不够。"康拉德·希尔顿明白这是一个真正爱护自己的老人，他把自己的问题和盘托出。

"这就是考验你的时候，唐尼。这点钱的确只能开个头，但是，如果一切顺利，你就什么都不用怕了。"埃梅

特·华海先生说,"唐尼,我已经不久于人世,否则我一定会去得克萨斯的。我有一个朋友,叫吕屈安,他现在在俄克拉荷马和圣地亚哥经营银行,他没有资金,但是富有经验。我认识他比你早一点,我可以把他介绍给你,他是一个值得信赖的人。"

"那么我先去南方考察一下,随后把情况汇报给您吧。"康拉德对埃梅特·华海说,他看出来,这位老人真的十分向往南部的得克萨斯。

"太晚了,唐尼,那时我已经不在人世了。你如果发现了有价值的东西,就想办法说服吕屈安,他就是被家庭束缚了,否则他早就去德州了。而且不必太担心钱的问题,我已经给泰丝留了一些保险费用,我死以后,他会寄给你一部分,你可以用在你认为可以成功的事业上。我相信你,相信德州。"

"那就一言为定!"康拉德·希尔顿激动地对埃梅特·华海先生说,"谢谢您,愿您的愿望变成现实!"

告别了埃梅特·华海先生一家以后,康拉德·希尔顿踏上了去得克萨斯的路。他对未来充满期待,因为"石油"在他的印象里就是奇迹,康拉德曾经在新闻报道上看过一些关于石油产地的消息。报道上说,波克波涅和兰吉两个牧场下面发现了大量的石油,仅兰吉一个地方两年内创造的价值就超过2000亿美元。康拉德相信,他一定会在得克萨斯找到一份工作,就像父亲奥古斯都·胡威·希尔顿在沙卡洛的煤矿区找到了自己的天地一样,康拉德·希尔顿一定会在得克萨斯的石油区建立自己的事业。事实也是如此，得克萨斯州迎来了未来的旅店大王。

人在困惑的时候一定要停下来思考，看看自己是否有必要按照惯性发展下去，如果内心深处还有声音在呼唤你改变自己，那么，不要犹豫，带着你的梦想出发吧！这个广阔的世界，一定有一个最适合你的位置在那里等着你！

第五节　行动通向收获

> 现实是此岸，理想是彼岸，中间隔着湍急的河流，行动则是架在川上的桥梁。
>
> ——克雷洛夫

拥有梦想和实现梦想的区别就在于一个永远在天上，一个可能在手里。

"你有什么打算？"玛丽·希尔顿问25岁的儿子康拉德。

"开银行！做一个银行家是我的梦想，现在我要去实现它了。"康拉德回答妈妈，"看吧，妈妈我要在里奥格兰河流域建立三四个银行！您一定会引以为荣的。"

放弃仕途之后，康拉德开始在商界寻找自己的位置，他觉得埋藏在心里多年的银行家的梦想可以付诸实践了，他就从家门口起步，就像他们的"三人乐队"一样。这次创业的意义在于这是康拉德自由意志驱使下的自愿行动，他会好好设计的。

银行的名字就叫"新墨西哥州·安东尼奥银行"。

当时康拉德·希尔顿的目标是出售300股筹资，每股100美元。为了留住大儿子，奥古斯都·胡威·希尔顿出资购买了10股，尽管他并不觉得这是一个好项目。康拉德自己有2900美元的积蓄，加上爸爸的支持，他有了29股，可是那261股在哪里呢？是的，那些真金白银还在别人的口袋里，如果想让他们拿出来，必须用什么去交换，用什么呢？

用信用、用诚实！少年时代军校的教育，家里良好的生意口碑，这些都让康拉德受益匪浅。他骑上马，开始兜售自己，让人们知道希尔顿家的长子要开银行了，他这次推销的是他银行的股份。虽然圣安东尼奥并不大，可是想要成功地说服人们也是一件非常不容易的事情。整个夏天，康拉德·希尔顿就在马背上度过。无数次的上马下马、微笑握手以后，1913年9月，银行开张了。

银行资金筹措的过程也成了康拉德·希尔顿从商经验筹措的过程，他懂得了如何说服别人成为自己的合伙人，也懂得了开弓没有回头箭的道理。他拿着用自己的信誉筹来的两万多美元，觉得肩上的担子很沉重。牧场、狩猎营那些朴实辛劳又厚道的合伙人，让康拉德感到非常温暖，连当年买鞋讲价的那个精明的西班牙老妇人也买了几股算是一种支持。康拉德下决心一定不能让他的股东们失望，一种强烈保护投资人的责任感油

然而生，而且成为了他生命的一部分，既成了一副担子，又成了一笔财富。

如果银行家是那么好当的，那梦想就不称其为梦想了。年轻气盛的康拉德·希尔顿很快就受到了不小的打击。谁能想到，银行的组建者、资金的筹备者康拉德·希尔顿竟然没有得到他的银行！

一位一向敌视希尔顿家的70多岁的老先生阿莱尔成了董事长！好像预先设计好的一样，在大股东们的股东会议上，阿莱尔先生以德高望重的姿态得到了多数票，看着那个皱纹里藏满了得意和阴险的面孔，康拉德愤怒极了，可是他必须尊重大多数人的意见，这就是游戏的规则。

"你也希望把银行办好，阿莱尔先生有这方面的经验。"一位善良的年长牧场主安慰着只得到了一个出纳空头衔的康拉德·希尔顿。

"为什么没有人想想是谁提议建立银行的？我比谁都希望把银行办好，因为它是我的银行，是建立在我对那么多人的承诺之上的。它是我的梦想，是我的工作，是我祈祷后上帝赐予我的礼物。"康拉德愤怒地高声说，"这些人千方百计地把我挤出来，显然与我不是一条心，我怎么对得起那些信任我的人？怎么保护他们的钱呢？"

可是，愤怒永远无济于事。康拉德只能眼睁睁地看着那些伪君子冠冕堂皇地夺走他的果实，粉碎他的梦想。但是他收获了另一种财富，他明白了做人不能太天真，世界上还有很多披着人皮的狼，以后再行动的时候，他一定会加倍地谨慎小心，绝不能让那些心术不正的人钻了空子。

不出康拉德所料，在阿莱尔经营的一年里，银行的利益全被那几个少数人瓜分了，银行成了他们的私人金库。好在股东大会一年一开，如果运作得当，康拉德是能夺回他的银行的。

第二次股东年会召开的通知在希尔顿家的邮局一封一封地发出，康拉德·希尔顿又一次骑马上路了。当他回来的时候，他的手里握着足够让他夺回自己梦想的委托票，尽管他的梦想已经被那些坏蛋弄得只剩了一个空壳。原来，就在股东大会召开的当天，银行迎来了取钱高峰，储户和股东们排起长队把钱都领走了。

"我真怀疑银行现在还有没有剩下两个铜板。"奥古斯都·胡威·希尔顿对儿子说。

看着父亲一脸轻松还带有一点笑意的表情，康拉德更加愤怒了。他认为父亲这是雪上加霜，好像证明当初就不看好这个项目是对的，好像就希望康拉德有今天，好让他心甘情愿地回到家里做个俯首帖耳的顺民。

如果一个人能参加自己的葬礼，那种悲凉的心情也不过跟康拉德·希尔顿走进银行股东大会会议室的心情一样，他觉得自己像是出席他"理想"的葬礼。

"诸位先生，现在有请我们的出纳员致闭幕词，他将宣布我们的银行破产的消息。"幸灾乐祸的阿莱尔非常刻薄地说，他好像不是这家银行的董事长，而是银行的敌人。

"这是一件不必操之过急的事情,各位先生。"一直没有说话的奥古斯都·胡威·希尔顿忽然插了一嘴,同时他扬起了手中的两封电报。

这是两封不同寻常的电报,是使康拉德·希尔顿的梦想起死回生的灵丹妙药。一封是得克萨斯和艾尔帕索银行的许诺书,他们承诺第二天早晨为圣安东尼奥银行送来3000美元的现金,第二封信来自于阿尔布格第一国家银行,内容与第一封一样。看着老阿莱尔他们阴谋破产时一脸懊丧的表情,希尔顿父子高兴极了。这些雪中送炭的资金挽救了银行,也把康拉德·希尔顿送上了副董事长的位置,董事长由一位奥古斯都·胡威·希尔顿和康拉德·希尔顿都很满意的人选担任。这一次才是真正和谐的团队,26岁的康拉德·希尔顿成了真正的银行家!

上帝保佑,康拉德终于能为自己的梦想而努力工作。他把自己全身心地投入到银行的建设中。这个年轻的银行家有太多的工作需要做了,因为他们银行现在的资金多数是股东的,他们缺少的是顾客,而这些顾客的钱才是真正的大额资金。也只有有了更多的钱,银行才能放出贷款,用钱生钱。

要使半开化的圣安东尼奥的人们懂得银行的运营方式是相当困难的。他们不能理解把钱放在别人手里到时候钱就能多的事情,他们宁愿把钱放在自己觉得最安全的地方,比如一个茶壶、一个小型保险箱,或者是埋在地下。其实,他们如此小心保管的钱数一点都不可观,往往少得可怜。

康拉德又一次骑上马，登门拜访当地的老实人，开始给他们解释把钱放在银行的好处。积少成多，聚沙成塔，集腋成裘，客户开始日渐多了起来，康拉德的银行家当得越来越像样了。两年以后，银行的资金已经达到135000美元，这个数字与当初从阿莱尔手里接管时的一穷二白相比可谓天壤之别了。

康拉德·希尔顿实现了自己的梦想，也用他的梦照亮了别人。他的银行家经历成为他青年时代辉煌的篇章。那时候有初战告捷筹到资金的喜悦，也有被人暗算夺走银行的痛苦，还有二次创业的艰辛，最后又有事业有成的快乐。仔细想想，康拉德做银行家美梦成真的要诀就在于他把理想当作了行动的动力，所以起起落落之间他总有一种定力，让他坚定自己的信念，一往无前。

如果在被阿拉尔等人夺走了银行以后，康拉德选择了放弃，那么他就不可能有后来的佳绩，不可能成为小镇上公认的银行家，不可能被父亲认可。行动是实现梦想最好的方法，这一点谁都不能否认。而且，只要行动，就会有收获，收获的不仅是实现梦想的欢欣，还有适应多变人生的一种能力。从合作伙伴的选择到工作对象的争取，这是每一个商人都不能绕过的礁石，必须自己驾船出行才能得到宝贵的经验，才能在生活的长河里稳健航行，到达彼岸。

第六节　不用扬鞭自奋蹄

不满足是向上的车轮。

——鲁迅

就像珠宝商对钻石珍珠的追求、古董商对名画珍品的倾慕、数学家对哥德巴赫猜想的尝试一样，每个真正热爱自己事业的人都渴望摘取那个领域皇冠上的明珠。问鼎行业之巅是成功者的终极愿望，唯其如此，世界上才会出现一个又一个的行业之王。对康拉德·希尔顿而言，旅店业皇冠上的明珠就是纽约城的"华尔道夫"旅店。

"你的旅店已经遍布全国，现在你满意了吧，唐尼？"玛丽·希尔顿问儿子，她得到了否定的回答，"不，我还没得到最宏伟的那一个！"康拉德·希尔顿回答妈妈。这是康拉德与母亲最后一次谈话的内容，应该是母亲对儿子最后的关切了，她希望儿子幸福、快乐。玛丽·希尔顿对事业的追求并没有奥古斯都·胡威·希尔顿那样强烈，但是她欣赏在事业的旅程上不断攀登高峰的男人，她应该感到欣慰，她的儿子康拉德就是这样的人。

康拉德·希尔顿对目标的设定会因为时间、地点和环境而调整，但是，有一个目标他却从未改变过，那就是对旅店皇后——高贵的"华尔道夫"的收购。即便是在他最困顿的时候，他也没有忘记"华尔道夫"。在经济危机中，康拉德还在为了还债疲于奔命，但是看到一本杂志上刊登了庄严高贵的华尔道夫——亚斯托利亚旅店的照片时，他震惊了，一边欣赏一边把照片撕了下来并放进了旅行袋中，以后那张照片就压在了达拉斯希尔顿旅店老板的办公桌上。康拉德把华尔道夫当作一个梦中情人，矢志不渝地追求着。康拉德从来不是一个急于求成的人，只要有机会他就一定不会放弃，但时机未到他也不会贸然行动，以免终身错过。他按部就班，等待水到渠成的那一天。

1946年5月，对于康拉德·希尔顿来说具有转折的意义，因为以他的名字和事业命名的公司——希尔顿旅店公司成立，公司的组织机构在完善以后，旅店的业绩直线上升。一年以后，希尔顿公司的普通股进入纽约证券交易所并正式上市，这是有史以来旅店股票第一次得到认证。

所谓精诚所至金石为开，康拉德的痴情终于有了回报。时机成熟了，他终于可以向梦中的"皇后"华尔道夫——亚斯托利亚旅店发起总攻了，尽管从开始进攻到最后胜利花了两年多的时间。坐落在纽约派克大道上的华尔道夫血统高贵而纯正，"她"是身份和地位的象征，难怪康拉德·希尔顿这个以旅店经营为业的人对"她"念念不忘。

康拉德·希尔顿收购华尔道夫——亚斯托利亚旅店的理

由实在是太充分了。主要的原因有两个，第一个就是在经济萧条时期，一些旅店纷纷关门大吉，康拉德自己的旅店频频易主就是活生生的例子，而华尔道夫不仅没赔而且小赚，这就显示出"她"潜藏的吸引力。第二个让康拉德·希尔顿对华尔道夫——亚斯托利亚旅店欲罢不能的原因就是这家旅店的人文背景。这里的管理者和居留者都卓尔不群。

在第二次世界大战期间，华尔道夫同时住了两位国王，一位是南斯拉夫的彼得国王，另一位是希腊的乔治国王。一个旅店同时住着两位国王的事情是不常有的，华尔道夫的"贵气"就是一笔巨大的无形资产。

而华尔道夫——亚斯托利亚旅店的来历更是具有戏剧色彩。

纽约最高级的住宅区莫过于第五街了，19世纪这里居住着亚斯托家族的叔侄二人，他们非常富有。侄子威廉·华尔道夫·亚斯托被称为"富有的威廉"，他不仅要在经济上独步一方，而且在政治上也有地动山摇之势。可是金钱不能解决一切问题，"富有的威廉"在国会议员的角逐中失利，他把原因归咎于叔叔和婶婶的消极旁观，为了赌气，他宣称要把自己豪华的住宅改建成一家旅店，把第五街变成一个市井之地。虽然叔叔老威廉表示反对，还说如果侄子那样做他就把自己的宅邸改建成马房，"富有的威廉"还是按照自己的意愿把住宅改成了旅店。

或许"富有的威廉"不是一个好政客，但是他在经营旅店方面和用人方面不能不说相当有天赋。他聘任的第一任经理是德国移民布尔特，这个经理使华道尔夫一开始就冠盖满街，成为王公贵胄争相膜拜的地方。

华尔道夫开业之时大的经济环境并不乐观，但是布尔特用了一招先声夺人，把华尔道夫的气势造了出去。他筹办了一场盛大的慈善音乐演奏会，招待圣玛丽儿童医院的孩子们。音乐会的指挥是当时著名的指挥家特罗契。本来私人豪宅改成旅店就够有神秘色彩了，再加上布尔特别致地以"慈善"为名的宣传方式，前来观礼的人无不是社会名流。多家杂志和报纸都报道了华尔道夫开业的盛况，"华尔道夫"名声大噪，世界各地的王公大臣、贵族将军、名媛淑女都争相目睹华尔道夫的仪容。就这样，华尔道夫火了起来。

"富有的威廉"有一个堂弟，他看见哥哥开了这样一家世界闻名的旅店，不禁技痒，在第五街的转角处兴建了一幢富丽堂皇的旅店，命名为"亚斯托利亚"。为了不自家竞争，兄弟俩合二为一，全称为"华尔道夫——亚斯托利亚旅店"，管理人仍是布尔特。

1916年，布尔特去世，纽约第五街的华尔道夫被卖给杜邦将军，新管理者也是一个旅店经营天才，名字叫庞默。1928年，华尔道夫——亚斯托利亚旅店被拆除，地皮被转卖，那里的确是白金地段，上面的建筑是世界闻名的"帝国大厦"，而庞默拥有了"华尔道夫——亚斯托利亚"名字的专属权。

1929年精明的庞默在派克大道上建造了一座气势恢宏的旅

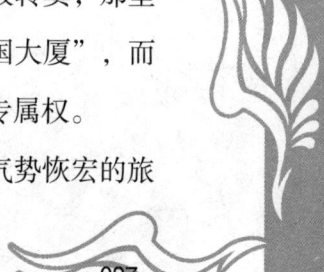

店，起名"华尔道夫——亚斯托利亚"，在灰色的时代唤起了人们金色的记忆。开业那天，当时的美国总统胡弗亲临现场，对着旅店外面数千名观礼者发表演说。

"这是一个有利于鼓舞国家勇气和信心的伟大壮举！"胡弗总统如此评价经济危机时代屹立起来的华尔道夫——亚斯托利亚旅店。康拉德·希尔顿在杂志上看到的就是新建起的华尔道夫，他被深深地吸引了。

在康拉德·希尔顿看来，华尔道夫——亚斯托利亚旅店就是旅店从业人士的光荣与梦想。他愿意追随布尔特和庞默的脚步，成为最伟大的旅店管理者，而只有拥有了华尔道夫——亚斯托利亚旅店的人才能成为名副其实的"旅店大王"。

要想把这样一个传奇的旅店带回家，康拉德·希尔顿要下的工夫多着呢。在康拉德·希尔顿的眼里，这位皇族父母康健，很难放手。因为华尔道夫——亚斯托利亚旅店一方面隶属于华尔道夫——亚斯托利亚旅店公司，这家公司是旅店的创始者，也是经营管理者，另一方面旅店的地皮归属于纽约一家不动产公司，这家地产公司看着华尔道夫身价不断上涨，地皮的价格也跟着增长，使华尔道夫旅店的价格增长到了2000万，而且关键是这家地产公司更像一个家长，它操控着华尔道夫的去留大权。这家地产公司有权否决华尔道夫——亚斯托利亚旅店公司的决议，这次康拉德遇到棘手的问题了。

首先是希尔顿公司内部出现了分歧。尽管康拉德·希尔顿在旅店界所向披靡，一干人等衷心追随，可是他们都认为康拉德对华尔道夫的收购是异想天开的，因为资金和资历都存在问题。但是康拉德坚持己见，为了自己的梦想，康拉德从来都勇于冒险，而且他深信华尔道夫——亚斯托利亚旅店能在自己手中大放异彩。康拉德自己的钱虽然不够，但他依然有勇气行动，他要再组建一个承购集团分担费用，为了华尔道夫，康拉德什么都愿意付出。

其实独立行动在康拉德·希尔顿的事业发展中已经不是第一次了。希尔顿旅店公司成立后效益颇佳，康拉德希望扩张希尔顿的事业，他坚信有一天"希尔顿旅店"会出现在世界任何一个地方。可是公司的伙伴都觉得康拉德·希尔顿是一个"理想主义者"，他们不想让康拉德的事业因为不切实际的幻想而化为泡影。当时波多黎各政府的一个机构给美国六七家旅店老板发出邀请函，希望帮助波多黎各建造现代化的大旅店，康拉德·希尔顿接到信以后非常爽快地答应下来。公司董事会大多数人却阻止康拉德去冒险，因为波多黎各存在太多不稳定因素，战争、革命、通货膨胀等问题让康拉德此行凶多吉少。由于康拉德坚持自己的意见，公司董事会采取了一个折中的办法，他们同意康拉德·希尔顿另外组建一个公司，作为希尔顿旅店公司的附属单位专门开展国外业务，公司为之提供有限的运作资金。于是康拉德·希尔顿组建了"希尔顿国际旅店公司"，开始了希尔顿的世界之旅，这也是康拉德·希尔顿奋斗故事中的一个部分。

另外在争得华尔道夫——亚斯托利亚旅店的产权方面康拉

德·希尔顿采取了曲线救国的方式，他没有直接去"皇后"的父母那里提亲，而是先在外围开疆拓土。手里有了钱，康拉德开始买华尔道夫的股票。在经济不景气的时候，华尔街的很多人都买了华尔道夫的股票，因为他们有理由相信这个旅店的股票稳赚不赔。的确，当经济稍一好转，华尔道夫的股票就开始上涨。有的人不想长期持有，也没有康拉德的野心，所以康拉德趁机收购了大量华尔道夫散落在外面的股票。

美梦归美梦，康拉德·希尔顿是不会随便出手的。于是他专门到华尔街请教一位专家，在专家的指导下，当天一点半康拉德以每股12美元的价格收购了华尔道夫249024万股的股份，到晚上收盘的时候他已经有36万多股。后来的10多万股是用他的信用和支票做担保才买下的，他还要为此支付300万。好在一切顺利，因为希尔顿旅店公司看到了康拉德的决心，董事会改变初衷同意了承购华尔道夫旅店。

人心齐，泰山移，1949年10月12日，华尔道夫——亚斯托利亚旅店成了希尔顿旅店公司的新成员。康拉德·希尔顿再次向公司的同仁们证明，他就是一个旅店经营天才，在华尔道夫进门不久，花在"她"身上的钱就赚了回来，而且她也开始为"希尔顿"效力。

从1931年初见华尔道夫——亚斯托利亚旅店靓丽的身姿到1949年拥其入怀，康拉德·希尔顿足足花去了18年的时间。

梦可以做很长时间，只要你不放弃，总有实现的那一天。

Conrad Hilton

第五章　播种梦想汗水浇灌

- ■ 第一节　0到100万的距离
- ■ 第二节　深谋远虑的作用
- ■ 第三节　不浪费就是赚钱
- ■ 第四节　以退为进

Conrad Hilton

第一节　0到100万的距离

好的开始是成功的一半。

——贺瑞斯

有人把健康比作数字1，按财富的多少给它后面加上若干个0，表示如果没有健康的身体，多少财富都归于尘土，都是虚幻的存在，这个比喻十分恰当。其实，很多东西都可以说成1，有了这个1，还担心后面没有0吗？梦想就可以成为这个1。

康拉德·希尔顿就是在只有梦想这个1的时候，创造了在后面加上7个0的奇迹。都说敝帚自珍，这话非常有道理。高贵的华尔道夫给希尔顿带来了荣耀也带来了烦恼，华尔道夫的传统也是华尔道夫的枷锁。

"我要真正的干一场！"

经济危机阴影笼罩的时代，很多人都选择了逃避困难。当一个客人从华尔道夫202房的窗户跳出去结束自己的生命后，郁闷的康拉德·希尔顿陷入了沉思。作为老板，有人从他的旅店自杀那种滋味当然很不美妙。可是当他走进那间死亡房间的时候，他也被房间里的沉闷和死寂压抑得只想离开。

卡尔建议康拉德把旅店重新装修一遍，这是正确的，却是康拉德厌倦的。这么多年他一直在买卖二手旅店，虽然做得不错，18年的梦中情人"旅店皇后"他都已经成功征服。他本该满足的，但他的心里总有一些不安和困惑，他觉得有什么东西让他郁结于胸却不得要领。

好在这种困扰终于清除了！

那天，康拉德坐在母亲的房间不着边际地想着什么，一幢高耸入云的摩天大楼逐渐清晰起来，最重要的是那幢大楼上还有几个醒目的大字——希尔顿。康拉德一下就坐直了，他终于知道自己要做什么了！

"我有一个新的梦，妈妈！"康拉德兴奋地对妈妈说，尽管他已经很富有很成熟，但是他依旧什么话都会跟妈妈说。

"什么？"玛丽·希尔顿问儿子。

"我要做一件大事，首先就是筹措100万美元！"

"还是先祷告吧，孩子！"这是玛丽对孩子的建议。

采纳了妈妈的建议后，康拉德·希尔顿开始了"冒险"。这是绝对的"冒险"，其一是适逢经济环境萧条时期，很多人都在保守观望，而康拉德·希尔顿却开始进攻，其二是因为康拉德·希尔顿还没有冒险的本钱，买下心仪的地段后他除了一个美丽的梦就两手空空了。

还是那句话，有梦并行动，就没什么不能实现的。

康拉德·希尔顿以独特的眼光看中了自己生命中"圣母峰"的地点，那是达拉斯商业区大街转角处的黄金地段，价值不菲，它属于一个叫劳德米克的人。劳德米克原来是一个工人，开过殡仪馆，后来凭借对房地产的敏感发了大财。

这块属于劳德米克的土地大约价值30万美元到40万美元，而康拉德·希尔顿自己的钱加上能从朋友那里筹措来的钱刚好够支付购买土地的费用，当建筑师估算康拉德梦想的"希尔顿"旅店的造价为100万美元的时候，康拉德一时间除了祈祷就什么办法也没有了。

"要用钱吗？来这里协商，我们保证援助。"《纽约时报》上一则诱人的小广告吸引了康拉德·希尔顿的眼球，他竟然相信了天上掉馅饼的"好事儿"。他找到那家"善良"的公司，可是除了一张保险证券他什么都没看到。

好在除了梦想，胆识也是康拉德不缺的东西，他想到了一个借鸡生蛋的好办法。他找到劳德米克最信任的法律顾问林兹雷先生，跟他商量了构想的可行性，他得到了肯定的答案。

"我买你的地产，是想建造一幢宏伟的大厦。"康拉德·希尔顿笑着对一无所知的劳德米克说。

"是的，现在的确需要这样的新旅店。"劳德米克表示同意。

"但是，如果那样，我就得把钱都用在盖房子上，我就没有钱买你的土地了，所以我不想买你的土地，只想租下来。"康拉德·希尔顿开始说出自己真实的想法。

"什么？你只是租用我的土地，而不是买下它？"劳德米克很吃惊，他没想到还有更让他吃惊的条件在后面等着他。

"土地所有权归你，我租用99年，分期付款。如果我不能按期付款，你就可以收回土地。"康拉德步步为营。

劳德米克考虑了一下，看起来他没吃什么大亏，但是他还是把林兹雷找来商讨了一番，劳德米克当然想不到行事周密的康拉德早就问过林兹雷了。在与法律顾问商量后，劳德米克不情愿的答应了康拉德·希尔顿的租地要求。

"我还希望拥有一个权利，用这个地产作抵押来贷款！"康拉德·希尔顿故意轻描淡写地说出了他最大胆的计划。

"什么？"这简直就是痴人说梦，劳德米克不敢相信世界上还有这样的交易，这等于康拉德用劳德米克的钱去生钱。

"滚吧！"劳德米克鬼使神差的答应了康拉德最后的条件以后说了一句很不礼貌的话。

不过这有什么关系呢？康拉德·希尔顿有钱了！其实，劳德米克并不傻，他知道康拉德不是诈骗犯，他只是一个没有钱的梦想家，他借用自己的土地实现梦想，一切都在自己的土地上，他也没损失什么。

1924年，康拉德·希尔顿的旅店事业上了一个新台阶，他第一次主持奠基仪式，以"希尔顿"命名的旅店破土动工了！

如果你以为康拉德·希尔顿的事业就此一帆风顺那就错了，这家达拉斯希尔顿旅店在建造的过程中又遭遇到了资金短缺被迫停工的问题，而且不止一次。

旅店盖到一半的时候，账面上的钱已经为负数了。康拉德反复核对图纸，并催促建筑商尽快完工，可是建筑商委屈地说："我们真的没有故意拖延，这幢大楼里也有我们的钱啊。"

东挪西凑，康拉德·希尔顿手里只有5万美元，可是有两笔5万美元都需要支付。怎么办呢？康拉德·希尔顿开了一张空头支票，写上了收款人的姓名以后把支票放在了办公桌上，想出去走走想想办法。

"您的支票我已经寄出了。"当康拉德在街上打电话回公司的时候，他那个能干的秘书这样回答他。

康拉德·希尔顿大惊失色，他赶紧跑到老朋友齐格尔那里，希望齐格尔找到邮局局长截回那张没法兑现的支票。

"为什么不双方都付呢，唐尼？"当齐格尔听完康拉德说明的情况以后，他立即拿出支票本给康拉德签了一张5万美元的支票。

康拉德感受到了友谊的伟大和温暖。

这次支票事件仅仅是众多关口中的一个，虽然每次康拉德都化险为夷，可是到工程快结束的时候，康拉德真的束手无策了，除了在劳德米克身上做文章他想不出更好的办法了。

"请你把工程接过去吧，我真的没有钱盖完它了。"康拉德·希尔顿对劳德米克实话实说，接着他又加上了一个附加条件，"大楼盖完的时候租给我经营吧。"

不出所料，劳德米克暴跳如雷，还有没有这样厚颜无耻的家伙！"你去找林兹雷商量去吧！"劳德米克对康拉德·希尔顿大吼着把他赶了出去。

事有不巧，偏偏林兹雷出门度假去了，大约10天以后回来。这是漫长的10天，谁也不知道下文如何，如果谈不成，38岁的康拉德·希尔顿将一无所有，包括他深爱的姑娘玛莉·勃朗。上帝保佑，一切都好，不知道林兹雷到底是谁的法律顾问，总之，他回来以后，康拉德·希尔顿就如愿以偿了。劳德米克答应补足工程尾款，康拉德·希尔顿签下了年租10万美元的合同。

一波三折，但是在1925年8月4日，"达拉斯希尔顿"迎来了隆重的揭幕典礼，康拉德·希尔顿的名字广为人知了！

从一个梦想浮现在脑海，到克服重重困难实现这个梦想，康拉德·希尔顿走了一段艰辛的道路。一路上，他用智慧和魄力开道，依靠友情和信用做补给，不可思议地到达了终点。成功就是这样的一条路，你的行囊里要装备好一切，无论哪一个缺失，你都可能到不了终点。

第二节　深谋远虑的作用

明者远见于未萌而智者避危于无形。

——司马迁

人无远虑必有近忧。有很多时候人们为解燃眉之急而放弃了原则，这样做的结果就是全面沦陷，再也无法回头。所以无论做什么，都要坚守一个底线，都要把最坏的情况预计出来，而不是冲动地做出决定。

康拉德·希尔顿能获得成功，一方面是因为他的人格魅力使他拥有很多患难与共的朋友，另一方面就是他那每天高度运转的头脑对问题的思考总是特别全面，即便是处于劣势，他也不会因为眼前的利益而忘记保护自己。

在艾尔帕索希尔顿运营一段时间以后，康拉德实在是走投无路了。多种名目的税没有交，银行的利息拖欠着，土地的租金费用也拿不出来，他甚至开始变卖自己的心血，把韦克的一家旅店转让了出去。在借遍了所有的朋友以后，康拉德·希尔顿只能向有钱的陌生人开口了。他把目光投向了格劳夫斯顿城的莫迪家族。

格劳夫斯顿城的一切几乎被莫迪家族垄断了，保险、旅店、媒体、银行、体育等各个领域，都印有莫迪家族的徽章。莫迪家族独来独往，他们有自己的商会，不与同业者联系，唯一美中不足的是他们在政治角逐中总是没什么收获，而这一点正是他们家生活方式和观念的必然结果。哪一个政客能脱离他的生活圈呢？现在，康拉德就要向这样一个坚固的家族城堡进发了，他希望莫迪家的人这一次能网开一面。

莫迪家族的当家人有两个，就是老莫迪和他的儿子希恩。当时希恩35岁，被称为"梅达斯王"，这个绰号与他非常相符。梅达斯是希腊神话中的财富之神，主管冥界，传说任何

物质一经梅达斯的接触就会变成黄金。而且梅达斯生性残忍冷酷，目中无人，纪律严明，毫无恻隐之心，是令任何人都恐惧的神，每个人都对他敬而远之。希恩倒不一定会点物成金，可是他却把自己的财富看得牢牢的，他的这点性格与梅达斯极为相似。

"难道你连仇人的忙都要帮吗？"希恩跑到父亲那里质问刚刚捐出200美元的爸爸。

原来老莫迪不知为什么突然大发慈悲，给莫迪家族以外的商会捐了一笔小钱。其实这区区200美元对于莫迪家族数不尽的财富而言就是九牛一毛，但是希恩居然为此跑去对自己的父亲，也就是莫迪家族最有资格的人大发雷霆，这可真是铁面无私、一视同仁啊！可想而知，同老莫迪打交道可能还可以喘一口气，而跟希恩往来简直就是自寻死路。

希恩·莫迪对父亲尚且如此，对别人就更苛刻了。之所以说对"别人"而不是对"朋友"，那是因为希恩·莫迪根本就没有朋友。

"我不怕没有朋友，而且仇人越多越好。"在一个公开场合，希恩·莫迪这样说。

康拉德·希尔顿虽然没有与希恩接触过，但是对他的过激言行也有耳闻。康拉德一个做保险的朋友就在希恩那里碰过大钉子。

"能不能帮我渡过这个难关，借我一笔钱。"那个做保险的朋友资金不便，向希恩借钱周转。

"不能。"希恩干脆利落的回答。

"我终于明白了为什么与你交往的十个人中总有九个要说你的坏话,希恩。"康拉德的朋友生气地说,看来那些不是"坏话",是"实话"。

"哈哈,我就喜欢这样,100个人中有99个说我坏话才好呢。"希恩开心地笑着,他根本不在乎别人的感受。

这就是康拉德要与之打交道的人。

为了急需的30万,康拉德·希尔顿硬着头皮走进了莫迪家,他不知道这个控制了美国人寿保险的家族对他会是什么样。

神奇的是,康拉德就是那百分之一,莫迪父子听了康拉德·希尔顿的来意之后并没有嘲笑和刁难,而是同意了借款,康拉德是用"希尔顿旅店"公司的股票作抵押签下了协议。

有了这30万,康拉德·希尔顿松了一口气,他与家人团聚了一下,与妻儿共处的快乐让康拉德的心情好了一些。可是坐吃山空,只进不出的旅店很快就把那30万蚕食掉了。员工的薪水、成沓的税单、总是按时到来的地租通知都提醒着康拉德又要交钱了。可是到哪里去弄那些以万为单位的钱啊?

"我这里有一份法院的判决,你再不付款,我就要把封条钉在墙上了。"一位州长代表在康拉德的办公室出示了一份判决书。

"用我的梯子吧。"康拉德绝望地喊着,压力像山一样沉重。

第五章 播种梦想汗水浇灌

"没钉上，墙是大理石的。"几分钟以后那个州长代表回来了，脸上带着一些羞愧，"你早知道是这样的吧。"

"当然。我的信用就和我的墙一样结实，只是我需要时间。"康拉德对州长代表说。

那位代表相信了康拉德。是啊，一个建筑的质量与他的主人有相通的地方，所以人们常说"物似主人型"。康拉德积极奔走，最后在最短的时间之内还清了那笔欠款。这件事有两种理解，第一种就是人们应该重视自己的品质，它能为你争取救命的时间，另一种就是要相信那些品质好的人，他们不会轻易允诺，而一旦允诺就不会食言，所以要给他们自救的时间。如果那位州长代表把康拉德的旅店封了，那他可能永远都拿不到那笔钱了。

但是真不是所有的人都像那位州长代表一样温和，康拉德·希尔顿很快又收到了一张法院传票。康拉德欠北卡罗来纳州的一家家具店10万美元，只剩下178美元没有还清，就为了这178美元，他们把康拉德告上了法庭。

"要不我们宣告破产吧。"律师与康拉德·希尔顿商量，那样他就不用被催讨钱款的人追得无处栖身了。

"不，我绝不会宣告破产。只要我不宣告破产，就说明我没放弃希望，而我不能放弃希望，否则我就成了行尸走肉。"康拉德坚决地说。

康拉德·希尔顿用希望支撑着自己，不让自己倒下去，但是希望只是精神支柱，他还需要经济支持。他用几家"希尔

顿"旅店做了抵押，还了各种钱款以后他也一无所有了，拿走他旅店的人就是莫迪家族。

坚持和热爱救了康拉德·希尔顿，峰回路转，老莫迪把康拉德叫了过去，给了康拉德一个天大的惊喜。

"我们相信你对旅店管理的能力，我们愿意把旅店交到你的手里。"老莫迪说。

对于身无分文只有一腔对旅店的热爱和一身管理旅店的能力的康拉德·希尔顿来说，老莫迪的这个提议简直就是天上掉馅饼，康拉德赶紧伸出双手接住了它。

莫迪家族提出把希尔顿和莫迪家族的旅店合并，成立"国家旅店公司"，康拉德持三分之一的股份，担任公司的执行经理。康拉德没有被喜悦冲昏头脑，他知道希恩·莫迪绝不是一个好伙伴，他将拉着他沉没而且永远不能翻身，如果那样他宁愿不要这个机会。

"如果我对合约中的某些条款不太赞成该怎么办？"康拉德问老莫迪，他要找一个能讲理的人谈条件，"如果有一方不想合作又该怎么办呢？"

"好聚好散。"老莫迪承诺。

康拉德·希尔顿以退为进，在与莫迪家族的合约上加了一条：双方解约时，按照组建时的比例，重新划分旅店管理权，莫迪家族占三分之二，康拉德占三分之一。尔后的事实证明，就是这一条补充条款救了康拉德·希尔顿，因为没有人能与"梅达斯王"合作。

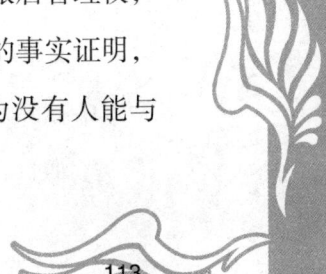

在同舟共济地度过了艰难漫长的1931年以后，康拉德·希尔顿和朋友们选择了各自创业。战友欧文要回加州开办自己的旅店，赫尔敦也要回德州开始自己的事业，康拉德则希望与莫迪家族的合作尽量让双方都满意。

"我觉得你们两个步调不会一致，因为你们风格不同。"赫尔敦在临行前对康拉德与希恩的合作提出了自己的看法，他是对的。

"请把经理休息室的桌子重新油漆一遍吧。"在伯明翰，康拉德对杰弗逊旅店的经理说。

"您的意思是授权给我去找油漆工吗？"那个经理问康拉德。

"是啊。"康拉德肯定地回答。

"油漆费是您来付吗？"那个经理接着问。

"当然！"康拉德不理解这么一点小事那个经理还要这样确证，他问那个经理："怎么这样问？"

"恐怕希恩先生是不会支付这笔费用的。"那位经理解释说，"有一次我在旅店大厅里挂了一幅杰弗逊的油画像，希恩在账单上批的是'你自己买了这幅画吧'。"

真让人哭笑不得。但是康拉德还是让经理找来了油漆匠，不久他收到一份希恩签了字的账单，上面写着：

"在格劳夫斯顿，一桶油漆要便宜3毛钱，差价将在你的薪水中扣除。"

类似这样的事情不胜枚举，希恩虽然很忙，但是在查账上一丝不苟，总是让康拉德不胜其烦，他决定不再与莫迪家族合作，于是他去找老莫迪谈判。

"他的确爱财如命，但是他也十分精明，我不能没有他。"老莫迪选择了儿子，尽管这样的选择会让莫迪家的旅店再度业绩不佳。

于是，当初康拉德·希尔顿在合同上加的那一个条款发挥了效力，尽管精明到极致的希恩·莫迪一万个不情愿，康拉德·希尔顿还是按照合约与莫迪家清楚地分割了管理权，格劳夫斯顿还是莫迪家的，而达拉斯又重新回到了康拉德的怀抱。

深谋远虑永远有用。

第三节　不浪费就是赚钱

小处不省钱袋空。

——托·莫尔

要想使财富增长，守株待兔不是最好的办法。有人说"如果做事不动脑，就跟一只猪没什么差别"。是的，那些点亮世界上的金点子都是智慧的结晶。要想有收获，一定要有付出，在情感和精力上都不能放松，总有一刻上帝会垂青于你，通过某种方式指点你。如果你不浪费，而是把每一分每一秒、每一寸每一厘都用上，你得到的一定比别人多。

康拉德·希尔顿在当上了毛比来旅店的当家人以后他发现自己最钟爱的事业竟然不是银行而是旅店，这个发现让他欣喜若狂，就像喝了爱情的美酒，他沉醉于旅店的经营之中。

第一桶金和两个法宝都是从毛比来旅店得来的。

如果不是康拉德和他的伙伴都有着极强的敬业精神，他们的业绩绝不会节节攀升，康拉德也不可能做那样一个梦。

由于旅店房间紧张，康拉德和吕屈安共用一个房间。埃梅特·华海先生给康拉德推荐了一个非常好的助手，吕屈安既有管理才能又富有责任感，他总能及时发现旅店的问题，白天发生的事情经常会在吕屈安的梦里出现，他的梦话好像情景再现。

"房间不够了？"

"加一张床行吗？"

康拉德每天伴着这些话入眠，他自己也是日有所思夜有所梦。那一晚，他梦见前老板手持一根撞球杆，命令3个客人睡到撞球桌上去。

"你看吧，我就跟你说过，只要我愿意，让他们睡在哪里都没关系！"梦里，毛比来老板还回头对康拉德这样说，这一幕就像当初他向康拉德说只要他愿意让客人睡餐桌都行一样。

"你在坐失良机！就像你这样经营也能赚钱？"毛比来老板消失后，奥古斯都·胡威·希尔顿出现了。奥古斯都·胡威·希尔顿非常严厉的批评儿子不善经营，就像当初康拉德为家里打工时一样，父亲不满意就会指出来，不会客气。

父亲严肃的神情让康拉德从梦中惊醒，他知道自己该反思了。尽管父亲生前经常干预康拉德的生活，但是，父亲的很多生意理念都是康拉德极其赞同的。现在梦见了父亲，康拉德明白这是潜意识里与父亲的习惯之间出现了反差。他想了想，觉得自己违背了父亲绝不浪费每一点资源的经营原则，他要改正自己的错误。

汗水湿透了康拉德的衣服，他推醒睡梦中的吕屈安，要跟他说说自己的想法。

"我们浪费了太多的空间！"康拉德激动地说。

"没错，所以我们两个人才挤到一个小盒子里面。"吕屈安睡眼惺忪地说。

"柜台太长，可以去掉一半，餐厅摆放太宽松，可以加放20张床铺。"康拉德拉着半梦半醒的吕屈安来到旅店大堂，店员们也被吵醒了，他们疑惑不解地看着康拉德。

"你是想让客人在床铺上吃饭在柜台上睡觉吗？"吕屈安不理解康拉德的话，"唐尼，你是不是疯了？"

"明天你就知道我是不是疯了！"康拉德被自己的设想刺激得睡不着了，但吕屈安受不了了。

"那么明天见吧，现在我要回去睡觉了。"吕屈安糊里糊涂地回"盒子"里睡觉去了。

康拉德没有回去，他留在大堂仔细地规划了每一处空间。他知道在人潮汹涌的席斯可，淘金的人不重视享受，就像他初来乍到，有一张床就很满足了。而对于旅店而言，多一张床铺就意味着多一份收入，他不能白白浪费空间，就像梦里奥古斯都·胡威·希尔顿教育他的那样。

第二天一早，康拉德就找来了木匠，他把餐厅隔成了能容纳一张床铺和一张小桌子的小房间，然后又改造了柜台。大堂的柜台果然只剩一半，但是不是给客人睡觉用，康拉德用那一半做了出售香烟和报纸的摊床。大堂也腾出一个角落，开设了一个小杂货铺，这样客人需要的一些小东西在毛比来旅店内部就可以解决了。这样改革几周以后，毛比来旅店的账面上就多了一笔可观的收入。这一切都与康拉德少年时杂货店的工作有关，他非常感谢父亲为他提供了宝贵的实践机会。

不浪费就等于赚钱，这种观念永远都不会过时，而且在这一点上事件、空间和金钱通用。康拉德掌握了这个法宝，在日后改良旅店时他也没有忘记这一点。

多年以后，康拉德成了"旅店皇后"华尔道夫的主人，在这个"皇后"身上，他依旧毫不留情地动了"手术"。他发现在华尔道夫宽敞明亮的大厅里有四根仅仅用来装饰的巨大的柱子。这四根柱子在建筑上不能支撑雍容的"皇后"，在装饰上也非常呆板沉重，空间的浪费对投资在她身上的股东也没什么好处。所以康拉德把这四根大柱子换成了玻璃橱窗，展示各种与来客身份相符的高档珠宝和化妆品，可想而知，被改头换面后的柱子给旅店带来了多大的收益。

康拉德·希尔顿在旅店业的名声不是一朝一夕形成的，

靠毛比来旅店赚了第一桶金并积累了经验，他开始向旅店行业进军。他努力寻找可以造就的对象，调查研究她们的背景、账目、发展前景，一旦看中就全力追求。得到心仪的旅店以后康拉德就积极地为她们整容，就像他对毛比来旅店一样，充分地利用她们的一切，让她们成为最受欢迎的"姑娘"。康拉德总是能让那些原本不起眼的"旧人"出现"第二春"，于是他就有了自己的"春天"。原来那些不信任他、不把钱借给他的人都改变了初衷，康拉德在金融界有了自己的信用，而且日益扩大，他这条大船进入深水后果然乘风破浪一日千里。

　　鲁迅说时间就像海绵里的水，只要去挤总会有的。那些藏在海绵空隙里的水如果不挤出来它们就会蒸发，看不见摸不着，而你把它们挤出来，填满你自己的东西，你就比那些不去挤的人拥有的多很多。康拉德把做梦的时间都同工作联系起来，他的工作自然比别人严密得多，就像用筛子筛金沙，筛孔太大，金沙也就跟着漏下去了，金沙就留给了那些用细筛的人。同理，空间也一样，生命也一样，我们就要把手里的筛子看紧，看看有没有因自己粗心漏出去的金沙，我们要让我们的生命金光闪闪。

第四节　以退为进

> 你可以从别人那里汲取某些思想，但必须用你自己的方式加以思考，在你的模子里铸成你思想的砂型。
>
> ——兰姆

每个人做判断的时候都不能太草率，尤其当你丢掉一样东西的时候，你要确定它不值得你再保留，否则你要么遗憾终生永远失去，要么损失惨重，然后重新拥有。

在"二手旅店"上有火眼金睛的康拉德·希尔顿也有判断失误的时候，那就是他对"史蒂文生"旅店的买来卖去又买回来的郁闷经历。

芝加哥的史蒂文生旅店在20世纪30年代也是以规模宏大而闻名世界的，康拉德一直期望做大事业，他一直随身携带着那张31年前撕下来的纽约华尔道夫——亚斯托利亚旅店的海报，他所做的一切最终都指向了华尔道夫。但是在时机不成熟之前，康拉德会退而求其次，史蒂文生就是他所能承受的。

康拉德·希尔顿对他的猎物总是要先观察一番，他发现史蒂文生真的是一个"大"旅店。有消息称这家旅店有3000个房间、3000个浴室，旅店可以同时容纳客人和工作人员6000人。

"如果每个房间用5分钟，每天8小时，参观完史蒂文生需要一个月。"领着康拉德参观史蒂文生酒店的经理不无骄傲地说。

"这里每天需要1000磅奶油、10头牛、1000磅猪肉，饮用700加仑咖啡。"经理继续介绍史蒂文生的雄壮气魄，"最忙的时候，自动洗碗机每小时清洗餐盘与碗19万个。"

大数字给人大冲击，了解到这些的康拉德决定以后一定要买下这个"大家伙"！

但是当时的康拉德只是在德州、加州拥有自己的旅店，他的经济实力还不足以收购一个超大型的旅店。可是能在汹涌的经济危机中挺过来的康拉德没什么是不敢做的，况且他再也不用"无中生有"了，他不是巨富，但也不是穷人了。他的信誉、他的能力和他的旅店都能作为他发展事业的资本了。

如果康拉德不是钟情于旅店而是到股市里打拼，他的头衔真不一定是什么，因为他在股票领域里有过几次非常成功的行动，史蒂文生和华尔道夫这两家康拉德最中意的旅店都是借助股票买卖的东风一举拿下的。

康拉德先买了史蒂文生的股票，因为旅店业不像石油、汽车产业那样惹眼，很多人不了解旅店也不懂旅店的价值，他们买卖股票就是为了获得金钱而不是管理权，所以康拉德就有机会收购大量的史蒂文生的股票。因为经济危机时期史蒂文生旅店的业绩大幅度滑坡，它的股票市值也缩水了，康拉德大量购

进，几年之后他的史蒂文生股票的面值已经达到了40万美元，这个数字已经可以实现康拉德以主人的身份走进史蒂文生的梦想了。

由于危机和战乱，政府接管了史蒂文生，但只接管了建筑物本身。当时正值世界大战，分身乏术的政府无法事无巨细地全盘接管，于是把这家大旅店的其他物资材料、尚未结算的尾账都出让给私人，以秘密投标的方式出让，当然价格接近标书者得之。

康拉德·希尔顿当然不能坐失良机，他在标书上写下了"16万"这个数字，可是不知什么原因让他感觉到不太对，他鬼使神差地把数字改成了"18万"。揭开标底的时候奇迹出现了，那个大家都想知道的数字是"17.8万"！就这样，为旅店而生的康拉德·希尔顿就以2000美元的差额得到了一座物超所值的"大"旅店。

接管史蒂文生是一场最漂亮的胜仗，也是一场最艰难的胜仗，因为史蒂文生得而复失又失而复得。

当康拉德把史蒂文生休整一番想大干一场的时候，政府有偿征用了史蒂文生，于是史蒂文生就成了一个临时的兵营。虽然政府没有亏待康拉德·希尔顿，但可想而知的是那些士兵离开以后这幢建筑惨不忍睹的模样。一向喜欢整洁幽雅环境的康拉德不能忍受自己的旅店如此狼狈，于是他把史蒂文生卖了出去。

康拉德这一生最后悔的事情中就有草率地卖掉史蒂文生

这件事，或许也印证了那句话，来得快去得快。因为得到史蒂文生比得到其他任何一家都容易，康拉德对它的珍视似乎就不那么强烈。他看到破败的史蒂文生以后，决定和一个叫海瑞的建筑承包商达成协议转让史蒂文生，没想到，几乎就在同时他后悔了。因为海瑞像变魔术一般，一个口哨就把工人们变了出来。那些工人从地下道、砂石堆、推土机旁边神奇地涌现在海瑞和康拉德面前，海瑞得意地指挥工人粉刷和油漆他觊觎了很久的大旅店，看着康拉德·希尔顿瞠目结舌的样子，这个包工头的眼睛都笑成了一条线。

顷刻之间，一幢破败不堪的大厦旧貌换新颜，让康拉德·希尔顿的心迅速死灰复燃，他回心转意要买回史蒂文生，他去找海瑞谈判，但这比让开了弓的箭再回头更难，精明的海瑞岂能轻易地放过这只大肥鹅！

如果说遭遇苏德曼是鲍尔斯的滑铁卢，碰到海瑞就是康拉德的珍珠港。海瑞觉得自己抓住了康拉德的心，似乎卖不卖全然操纵在他一个人的手中，所以他肆无忌惮地玩起了出尔反尔的游戏。第一次，海瑞开价50万美元，康拉德毫不犹豫地答应了，可是签约的时候海瑞却消失了。第二次，海瑞开价65万美元，康拉德有些懊恼，但还是答应了海瑞。没想到，签约的时候海瑞再次人间蒸发。第三次，海瑞开价100万美元，康拉德很生气，但是为了史蒂文生能重回自己的怀抱，他还是答应了。没想到，签约的时候海瑞又一次踪迹皆无。这一次，连他们两人的中间人克朗也一同不见了。

康拉德怒火中烧，他觉得忍气吞声并不是一个解决问题的办法，他想起当初在得克萨斯州闯荡，想买下席斯可的银行时，那位堪萨斯州的老板出尔反尔最终却促成了他走向旅店业的往事，于是他不再痴迷于史蒂文生，而是走出去试图像当初一样重新开局了。

他带着新的心情重看芝加哥城，市中央的巴尔莫大厦让康拉德·希尔顿眼前一亮。

"对史蒂文生我已经没有信心了，我想把目标变成巴尔莫大厦。"当康拉德·希尔顿看见他与海瑞谈判的中间人克朗时说。

克朗并不是一个单纯的掮客，他的身份是芝加哥第一国家银行董事长，也是巴尔莫大厦的董事之一。

"那就两个都买下来好了！"克朗笑着说，但是并非玩笑的口吻。

是的，为什么不都买下来呢？康拉德如醍醐灌顶，为什么要非此即彼呢？他觉得克朗的话很有道理，而且他觉得克朗的为人还不错，尽管他们的结识是因为海瑞，但是克朗与康拉德的关系似乎越来越好。

于是康拉德开始着手买下巴尔莫大厦，就在这个时候，传来了海瑞的消息。原来海瑞听说康拉德转攻巴尔莫大厦后就有些沉不住气了，这一次海瑞开出了150万美元的价码。

"还能相信你吗？"康拉德与终于肯露面的海瑞坐在谈判桌前，"谁能保证明天一早你就把价钱改成了200万美元。"

"不，这回绝对不变了。"海瑞向康拉德·希尔顿做出保证。

买卖终于成交了，这真是一场攻坚战，滑铁卢使拿破仑一蹶不振，而珍珠港最终却使正义得以伸张，所以鲍尔斯永远辞世，而康拉德却守得云开见月明了。

康拉德买回史蒂文生再一次说明了人生未必都是直线，有时候迂回一些也未必就不能到达目的地。当然，康拉德并非有意把巴尔莫当作钓饵，他这次能重新得到史蒂文生是他对旅店事业执着态度的回报。

第五章　播种梦想汗水浇灌

百年酒店希尔顿

和创造世界名牌的人一起放飞梦想

Let the dream fly

Conrad Hilton

第六章　爱的力量

- 第一节 每个人都有荣誉感
- 第二节 我为人人，人人为我
- 第三节 一定是我们的错

Conrad Hilton

第一节　每个人都有荣誉感

无瑕的名誉是世间最纯粹的珍珠。

——莎士比亚

有一种东西看起来没有用,但是在生活中却有着超乎寻常的意义,也有着不可忽视的力量,它就是荣誉感。如果一个人有个人荣誉感,他就会把人格看得高于一切,如果一个集体有了荣誉感,那么这个集体就是最难以战胜的集体。

在一个比赛中,往往团体项目的分量最重,因为那是集体的荣誉。乒乓球比赛、体操比赛、羽毛球比赛,既有单项奖又有团体奖,可是当我们看到团体奖的获得者们相拥而泣的时候,我们内心的感动往往比获得单项奖时更深更重。合唱团的魅力就在于每个人都为团队发出了声音,他们对于集体而言是不可或缺的,而集体也因为个体的团结一致才产生了震撼人心的共鸣力量。

"我要把团队精神引进我们的旅店。"康拉德对吕屈安说,"我相信那会使我们的旅店更出色、更赚钱。"

"那当然好。"吕屈安非常赞同,不过他很奇怪为什么康拉德会有这个想法,"可是你怎么会想到这一点?"

"我是在当兵的时候学到的,团队精神就是荣誉感和奖励的二合一。"康拉德解释说,"店员的热情是不能只靠薪水来提高的。"

具有荣誉感的人,永远都是最优秀、最有价值的人。这样的人组合起来是无往而不利的。1914年,英国《泰晤士报》刊登了一则招聘启事,内容之奇特和工作之特殊让人闻所未闻。这则启事是这样的:应聘者将参与极其危险的旅程,赴南极探险。薪酬微薄,需在极度苦寒、危机四伏且数月不见天日之处工作。不保证安全,成功的唯一酬劳仅是荣誉。招聘人是沙克尔顿,他不知道会不会有人前来应聘,他觉得"极度苦寒""危机四伏""不保证安全"这样的工作将会吓退很多人,而且"荣誉"这个酬劳又是那么空洞,究竟谁肯为一个看不见的报酬而以生命为代价去冒险呢?但是,事实证明,沙克尔顿的担心是没有必要的,短短的几天之内,应聘者就达到了5000人。这个数字让沙克尔顿内心对"荣誉感"有了更坚定的追求,他相信只有拥有这种荣誉感的人才能具有足够的勇气与激情去面对和战胜极度的困难。

的确,这样一支队伍一定会创造奇迹。沙克尔顿精挑细选了27个人,于当年8月1日乘坐一艘木船离开伦敦。这一去九死一生,真的是"危机四伏",原计划的数月变成了15个月。而他们的探险也没能完成,因为他们的船刚到南极边缘的威尔德海就陷在冰川之中不能动了。他们随着浮冰在严冬中漂浮了10个月,而更可怕的是在零下几十摄氏度的酷寒中,他们的船被冰块压毁了。一行人曾尝试徒步走过冰雪地来到海边，希望看到救命的船，可是船员们的体力都已经透支，他们没有力量继续前进。他们在浮冰上又漂了5个月之久，就靠着企鹅肉和冰雪充饥止渴。可是尽管他们"弹尽粮绝"，却没有一个人掉队，没有一个人抱怨，他们顽强地挨过每一天。他们坚信，他们是一个整体，他们不会抛弃任何人，也绝不会放弃任何希望。他们内心最宝贵的东西在支撑着他们，那就是招聘启事上提到的"荣誉"。荣誉感充盈了每个人的心，他们不孤独，他们紧紧地团结在一起等待生机。最终沙克尔顿带领几个船员，靠一只22尺长的救生艇横渡1300海里到了一个捕鲸站，从那搬了救兵使所有的船员生还。

这是一群英雄，虽然他们没能完成探险，可是他们依旧有收获——荣誉。

比起没有安全保证的南极探险，旅店的店员工作可安逸多了，所以荣誉感在这里发挥的价值会更大。

康拉德·希尔顿要召开一次全体员工会议，他看到那些店员脸上露出诧异的神色，他们从没有开会的经历，他们不过是各干各的，拿薪水生活。

"我们毛比来旅店的好名声都是由你们创造的。"康拉德·希尔顿庄重地对20个店员说，"你们是唯一能用整洁的毛巾、干净的地板和亲切的笑容迎接旅客的人。如果有朝一日，毛比来旅店能代表席斯可，那么功劳都是你们的！"

康拉德看到员工们的脸上已经显现出一种骄傲和自豪的表

情，他继续说："如果你们表现出色，你们就不会失业，而且还会有不菲的奖金！"

果然，从这一天开始，每个毛比来人都精神抖擞，旅店的生意更加兴隆了。而康拉德·希尔顿也没有食言，他向员工兑现了他说的话。这样，康拉德·希尔顿就掌握了旅店经营的第二个法宝——激发员工的荣誉感，这也是一个百试不爽的法宝，它为康拉德·希尔顿带来的收益也是无法衡量的。

如果一个团队里有人缺少集体荣誉感，那么不要客气，也不要手软，绝不能让这样的人留在队伍里，否则他们会成为画屏上的一只苍蝇，破坏整体的美好。

为了筹措资金购买毛比来旅店，吕屈安曾经拉来一个石油商人史密斯，他出资5000美元。因为他也在席斯可，所以史密斯理所当然的进入到了管理层。可是这个旅店的管理人员却从没有把自己当作旅店创造价值的员工之一，反而拿出领导的姿态经常到店里指指点点，最重要的是他一点也不为毛比来旅店的声誉着想，总是在顾客面前摆架子。

"我回到柜台时，史密斯正拿着一大串房间钥匙大骂客人。"有一天吕屈安不满地对康拉德发牢骚，"关键是他骂得毫无道理。"

"他不喜欢人，还吝啬。"康拉德对吕屈安说，"每次把他留在柜台里我都是提心吊胆的。"

康拉德发现史密斯不喜欢任何人，他也不喜欢拿出钱，哪怕是给店员发薪水他都不愿意。这样的人是没办法在服务行业里立足的，因为他缺乏对人最基本的尊重。

有一次，康拉德在大堂里与一位石油工程师聊天，康拉德饶有兴致地听那位工程师讲述他不平凡的人生，而一旁的吕屈安也在耐心地倾听一位旅客诉说他从旅店老板沦落为推销员的不幸遭际。正在这个时候，史密斯趾高气扬地走进大堂，康拉德希望史密斯加入他们这种宾主一家的气氛里。

"嗨，史密斯，来这里坐坐，和我们的工程师聊一聊吧。"康拉德高声叫着史密斯。

"我不必再认识什么人了。"史密斯傲慢无礼地回答。

史密斯的态度让康拉德感到非常羞愧，好在康拉德本人非常热情和亲切，那位工程师又是一个宽宏大量、见多识广的人，才让这一使毛比来旅店蒙羞的举动没产生更坏的影响。

这件事也成了康拉德与史密斯分道扬镳的导火索。康拉德和吕屈安一致认为史密斯不是一个理想的合作伙伴，他们愿意损失一些金钱为毛比来旅店清理队伍。所以，史密斯拿着他投资两倍的钱离开了毛比来。从此，毛比来有了一派和谐景象，店员和顾客亲如一家，史密斯多拿的那5000美元很快就在一团和气中赚了回来。

一个没有荣誉感的人是无法在社会上立足的，而有荣誉感的人总能找到他的队伍，并在这样的队伍中获得应有的一切。而好的管理者不仅要激发员工的荣誉感，也要保护集体的荣誉，哪怕付出一些代价。

第二节　我为人人，人人为我

> 如果一个人仅仅想到自己，那么他一生里，伤心的事情一定比快乐的事情来得多。
>
> ——马明·西比利亚克

"天下大同"是一个理想，人类为之而不懈奋斗，所以当我们看到一幕幕感人的画面，我们会为人与人之间美好的感情而湿润双眼。

喜欢登山和攀岩的人很多，但是能成功到达峰顶的人总比山脚下的人少得多。其实从出发开始，大家都知道未来是一条艰险的路，可是有很多人中途退却，因为他们畏惧困难，而那些勇敢聪明的人一点一点探寻，总能找到前进的道路，最终在坚韧顽强的毅力和大智大勇的精神支撑下登上最高处，完成一次伟大的征程。而这些到达峰顶的人都有一个共同点，那就是他们从来都不是孤军奋战的。

康拉德·希尔顿的事业也是一座高山，在攀登的过程中遇到了无数阻碍。但是他没有一次停下来往回走，而是冷静沉着，解决了一个又一个问题。哪怕在潦倒到没有吃饭钱的时候他也没有放弃，因为他有梦想、有朋友。

"艾尔帕索希尔顿"旅店比第一家希尔顿旅店"达拉斯希尔顿"的建立和经营要难很多倍，无论是时局环境还是合作伙伴，康拉德都遇到了前所未有的挑战。

有了达拉斯希尔顿的经验，康拉德一开始就没有买下他心仪的那片土地，而是直接签下了租用99年的合同。康拉德·希尔顿是一个乐于交友的人，他这一生有很多同生共死的伙伴。这次为了希尔顿旅店的新高峰，康拉德在得克萨斯结识的朋友——赫尔敦来到了艾尔帕索与他携手作战。赫尔敦的父亲是一个银行家，虽然在经济萧条时期银行倒闭了，但是赫尔敦却在父亲经营银行的时候熟悉了银行的所有业务，而且他毕业于密苏里新闻学院，是一个比较活跃的人。他的加入让康拉德感到非常惬意，他们开始了另一场"无中生有"的魔术表演。

在耗资175万美元的"艾尔帕索希尔顿"旅店竣工之后的第19天，纽约股市崩盘，经济危机，康拉德陷入了一场资金周转困难的漩涡。

为艾尔帕索希尔顿旅店做什么都值得，因为它的确是一家"鬼斧神工"的美妙建筑。在旅店揭幕那一天，整个艾尔帕索市沸腾了。据报纸上讲，当天有1万5千人到场观礼，这或许有些夸张，可是来自整个德州和墨西哥的人比旅店一年的客人还要多。这么多的人来到艾尔帕索希尔顿旅店，都是为了满足好奇心。因为他们想象不出一座耗175万巨资的旅店究竟是什么样子，是不是真像宣传的那样具有独特的风情。当客人们潮水一般涌来的时候，赞美和惊叹也随之而来。

19层的大楼在今天看来不算什么，可是80多年前那可谓是摩天大楼了，在视觉上有直上云霄的冲击。旅店的高度还不是最吸引人的，旅店内的陈设和风格才是最有韵味的。300多个客房，带有印第安的风格、西班牙的情调和拓荒者的烙印，让来客们仿佛穿越时空，看到了西部开发的每一幅图景。来客们对过去到现在的变化生出由衷的慨叹，一种开拓进取的欲望由内心升起，这就是"艾尔帕索希尔顿"带给人们的精神力量。

来宾们希望开一个盛大的舞会，康拉德·希尔顿一贯尊重来客，这次也不例外。为了招待好宾客，旅店准备了大量的食物，那一个晚上厨师就用了1200只鸡作为食材。被盛情邀请和慕名而来的客人们非常高兴，舞会入场券成了身份的象征。艾尔帕索国家银行董事长山姆·D·杨格不小心弄丢了入场券，这位康拉德·希尔顿事业的支持者险些被拒之门外，最后他是靠着给康拉德打电话走"后门"才得以入场的。

艾尔帕索希尔顿开业的那天是康拉德事业的巅峰，也是美国经济暗夜里的昙花一现。无论怎样盛况空前，康拉德·希尔顿和赫尔敦都没有办法改变整个国家的经济局面，他们反而被危机拖拽着陷入了巨大的困境。

艾尔帕索希尔顿那辉煌的一天过去后，迎来的却是不知道哪一天才能结束的灰暗。康拉德和赫尔敦回到达拉斯希尔顿的办公室互相叹息，他们不知道该怎么做才能保住希尔顿的一切。

经济危机时代，旅游成了家庭节约开支最先消减的对象，而没有了旅客，旅店业就成了一个个呆立的空房子，再有特色也招不来肯花钱的人。康拉德没有心思和能力再去物色旧旅店，也没有能力建设新旅店，他所有的精力都用在保留现有的旅店上。

虽然没有客人，可是必须做好客人时时入住的准备，所以旅店的开支并没有减少，这样的入不敷出让康拉德不得不拆东墙补西墙。有那么一个星期，康拉德在达拉斯希尔顿收到的援助都是两位数，而且还不大，马林那边送来25美元，艾尔帕索那边送来35美元，杯水车薪。地租、贷款利息和各种税收把康拉德压得透不过气来，他想方设法地去筹钱，除了搭进了自己的积蓄和用了妻子的保险做抵押外，他还借遍了所有的朋友。

"唐尼，你看见我对面那座16层大厦了吗？"老朋友鲍勃·桑顿问前来借钱的康拉德。

那是培克旅店的大厦，康拉德默默地点了点头，他一时还没明白老朋友的言外之意。

"如果我借给你20万美元，我就只能从那里跳下去了。"没等康拉德明白，鲍勃·桑顿向老朋友解释了自己的意思，他接着说，"棉花跌到了5美分一磅，今年夏天一定蝗虫泛滥。"

康拉德知道鲍勃说的都是实情，他不能把老朋友推向绝境。但是鲍勃·桑顿还是尽最大的能力给康拉德凑了5.5万美元。这时候的5.5万美元也可以说是巨大的数目了，康拉德非常感动。可是这5.5万美元还没等看到它的作用就被旅店的日常支出吞没了，甚至连个声响都没有发出来。

教堂成了康拉德的精神依靠，每天他都到教堂去祈祷，在这被金钱啃噬的痛苦中他相信总有一天他会走出阴霾。在他看来，没有任何一种痛苦能超过他失去父亲和小弟带来的那种痛苦。康拉德并不是最不幸的人，在他失意的时候，他得到了人间最宝贵的友谊。

有一次，康拉德没有了坐车的钱，一个年轻的侍者跑过来塞给他一个小包，他打开一看，是300美元，那可能是一个服务生所有的积蓄了。在这个随时都领不出工资的时候，居然有人能拿出自己省吃俭用的钱帮助一个很可能把自己忘掉的人，这太令人感动了。还有一次，康拉德去加油，加油的钱是加油站的工人代付的。

"我不怕你还不了钱！"那个工人笑着对康拉德说。

雪中送炭永远比锦上添花的人少，可是帮助过康拉德的人却很多，康拉德觉得自己一个人落难就会有7个人帮助他。其实，这正说明了康拉德在做人方面的成功。

人在得意的时候要有远见卓识，对未来要有合理的安排，既不能盲目冒进，也不能骄傲自满。在失意的时候也必须做到淡定从容，以一颗坚定的心去抵挡变幻莫测的前路。而无论得意还是失意，保持一种谦逊的态度和慈悲的情怀总是必要的。40岁的康拉德·希尔顿可以说功成名就了，他在美国旅店行业已经颇有影响，如果不是他对梦想不断地追求，没有给自己设定一个又一个新目标，他早就可以安享富贵过着普通

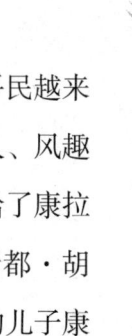

人梦寐以求的奢侈生活了。康拉德越走越高，似乎离平民越来越远。但是事实不是这样的，康拉德一辈子都平易近人、风趣幽默。少年时代，在圣安东尼奥小村自由自在的生活给了康拉德·希尔顿一个无比宽广的胸襟，而当地首富奥古斯都·胡威·希尔顿和他的妻子玛丽·希尔顿的和善也让他们的儿子康拉德·希尔顿与人交往的时候总是以诚相待、谦逊有礼，而且从不对别人的困难袖手旁观。所以，当康拉德·希尔顿陷入低谷的时候，他的身边从不缺少帮助他的朋友，而且无论富有的朋友还是贫穷的朋友，都会不遗余力地帮助康拉德。

其实，若是一个人能获得这样多的帮助，那么这个人就一直会在巅峰，而永远不会真的跌落下去。

第三节　一定是我们的错

你今天对客人微笑了没有？

——康拉德·希尔顿

希尔顿旅店能成为最受欢迎的旅店绝不是因为它比别的旅店更豪华，最重要的原因就是人们在希尔顿旅店你能得到最完美的服务，无论什么情况，你得到的都会是微笑和最优质的服务。

早在经营毛比来时，康拉德就对旅店服务方面有比较多的体会，他发现无论旅店规模如何，热情周到的服务总能产生更好的效果。顾客对社交礼仪的讲究是无时无刻、无处不在的。在那个拥挤不堪的毛比来，有一天他们居然遇到了这样一个问题。

"请问，吃烤阿拉斯加应当用什么样的叉子？"一个女客人这样问服务生。

当时的毛比来刚刚易主，而康拉德也刚刚涉足旅店业，他怎么能回答出这样的问题？不过这样的白卷却让他的头脑里多了一个概念——礼仪。从此他对礼仪的深层含义也多了一份理解，因为讲究礼仪代表着对人的尊重，在旅店这个与人打交道的行业里，尊重他人是一个先决条件。

还有一次，在毛比来重新粉刷期间，有一位工人在洗手间的门上用"男人"和"女人"来做标识，结果，油漆没干就有人提出反对意见了。

"我是'女士'，而不是'女人'！"一位女客人非常严肃地说。

"是的，我也感觉这样的标识大大破坏了旅店的整体氛围。"一位男士也随声附和。

康拉德马上就让工人改正了错误，用"男士"和"女士"代替了原来的"男人"和"女人"。

在康拉德经营旅店的时候，他特别注重旅店的服务，他对员工的要求就是无论什么情况下都要保证微笑服务。

第六章 爱的力量

20世纪30年代初,在康拉德的艾尔帕索希尔顿开业不久以后,他的事业陷入了低谷,他的8家旅店都是入不敷出。他的各家旅店为了节约开支关闭了一些房间的电灯和暖气,而且更加注意避免浪费,哪怕是一支钢笔、一张纸和一瓶墨水他们都计算得很清楚,但是有一样东西康拉德不仅没有省掉,反而做出了特别强调,那就是优质的服务。

"我们要共渡难关,尽管为了节约,我们的伙食标准降低了,而且节省了电和暖气,但是我们仍然要保证床铺时时都干净整洁,而且毛巾和肥皂都必须保证是全新的。"康拉德继续要求他的店员,"重要的是我们要对每一个顾客笑脸相迎!"

微笑是一种最美的语言,人们可以在语言上存在障碍,但是在情感上,我们都不会读不懂真诚的表情,希尔顿旅店用上了人类最温柔却最有效的武器——微笑。

据说有一次,在希尔顿一家分号里,一个顾客与服务员发生了冲突,原因就是那位顾客没有按旅店的要求用房间钥匙牌结账。这种事情经常发生,但是这次这个客人的脾气不太好,他对这个规定很抵触。

"小姐,结账!"一个操着浓重地方口音的顾客到大堂服务台结账。

"好的,先生,请出示您的房间钥匙牌。"服务员小姐微笑着说。

"我没带下来,能不能结账?"那位先生有些不耐烦。

"那请告知您的姓名。"服务员小姐继续微笑着说。

"结账还需要报上姓名吗?"那位先生有些恼怒。

"是的,为了核对是否是您本人,万一出现什么差错会很麻烦的。"服务员小姐微笑着解释,可是那位先生并不领情。

服务员小姐开出了账单请那位先生付账,最后又补充了一句:"先生,离开时请您将钥匙牌送到收银台。"

这句话彻底惹恼了那位客人,他把拿出来的钱又收了回去,并且大声嚷嚷:"什么破旅店,这么多规矩,我还不付钱了呢!"

客人一边说着不干不净的话,一边怒气冲冲地往外走。

旅店的经理刚好路过大堂,他听见有人高声大喊,觉察到发生了什么事,于是他来到大堂。他看到一位顾客很生气地往外走,他来不及问清缘由就急忙走到顾客身边去留住顾客,他深知顾客对旅店的口碑就是旅店的生命。

"先生,麻烦您留步。"经理很有礼貌地对那位大脾气的顾客说。

那位顾客看到一位管理者模样的人这样有礼貌地对他,于是他停下了脚步。

"先生,您有什么意见尽管提,我们会立刻解决。"经理态度诚恳地说。

"如果她不道歉我就不付钱!"那位客人指着刚才一直微笑服务的服务员说。

那位服务员觉得自己照章办事并没有错,她没有马上道歉。

"对不起，一定是我们的错，我在此真诚地向您道歉。"让服务员没想到的是经理不问情况就先向顾客道歉了，而且是深深地鞠躬诚恳地道歉。

"对不起先生，请您原谅。"看到经理道歉了，服务员小姐也马上向那位顾客道歉了。

这时，顾客态度缓和了，他向经理简单说明了他发脾气的原因。

"这是我们的失误，真是对不起。感谢您及时地找出我们的问题，为了感谢您，我们给您的房费打八折。"经理听了经过以后，他向顾客再一次道歉。

"我也不该发脾气的。"看到这家旅店的管理人员如此客气，那位顾客也怒气全消了。那位客人态度平和地结了账，临出大堂的时候他回过头来对依然微笑目送他的经理说："以后我和我的朋友只要来到这个城市，我们就都会选择你们的旅店。"

那位客人走了以后，服务员小姐问经理为什么要向客人道歉，是客人没遵守旅店的规矩，而他们只是例行公事，无需低声下气地道歉。

"的的确确是我们的错。因为即使你在客人入住的时候向他们做出了说明，说结账的时候要携带钥匙牌，但是客人仍然忘记了，这就说明我们提醒的程度还不足以让客人记住，这就是我们工作存在的问题，所以我们应该向客人道歉。"经理这样的解释让那个服务员小姐心悦诚服。

对于钥匙牌的作用经理采用了三管齐下的方式，一方面在大堂醒目的位置贴出公告，一方面印刷客人入住须知手册，另一方面交代服务人员多多提醒客人，终于有效地解决了客人忘带钥匙牌结账的问题。

那是一位脾气不太好但是说话非常算话的客人，从那以后他和他的朋友只要来此地就会下榻这家希尔顿旅店。

现在每个希尔顿旅店里都有一个"服务工作补救箱"，目的就是为了最快速、最有效地了解顾客的投诉和反馈意见。

其实，每个行业都存在竞争，尤其是旅店，在同级别上硬件的差异并不大，那么为什么有的旅店人满为患，而有的旅店门可罗雀呢，希尔顿旅店的服务意识说明了一切。

Conrad Hilton

第七章 成功的十要素

- ■ 第一节　发掘自己独到的才智
- ■ 第二节　确立远大的志向
- ■ 第三节　做一个诚实守信的人
- ■ 第四节　保持最大的热忱
- ■ 第五节　要有思想和情感的空间
- ■ 第六节　不能让忧虑成为绊脚石
- ■ 第七节　永远面向未来
- ■ 第八节　学会尊重，懂得感恩
- ■ 第九节　承担起对世界的责任
- ■ 第十节　自我勉励绝不轻言放弃

Conrad Hilton

第一节　发掘自己独到的才智

> 知人者智，自知者明。胜人者有力，自胜者强。
>
> ——老子

"认识你自己"是一个严肃而难解的命题，却是你成功的前提。

康拉德·希尔顿通过父亲和母亲对工作的意义和精神的皈依有了重要的体会，这是他得到的无价之宝，但是他对成功密码的解释并没有完结。他认为梦想是一个重要的开始，祷告和工作是梦想的双翼，这对翅膀能让梦想飞翔并漂洋过海到达成功的彼岸。但是梦想不是空想，一定要有合理的计划，有经过努力、付之热情后实现的可能，否则梦想就不称之为梦想，与黄粱一梦一般无二。康拉德·希尔顿的想法没错，因为这是他的经验之谈。

曾经有一段时间康拉德做着小号梦，这与他的家庭教育有关。玛丽·希尔顿夫人是一个吃苦耐劳、善良美丽的家庭主妇，她从娘家道奇堡带来的唯一奢侈品就是一架钢琴。而奥古斯都·胡威·希尔顿对音乐也有着浓厚的兴趣，他经常一路高歌出现在山路上，使其成为一道有声的风景。康拉德的父母要求每个孩子都会一样乐器。

康拉德继承了母亲弹钢琴的天赋，还曾因此被邀请到婚礼上为新人弹琴。但是这项光荣的兼职工作很快就没了下文，因为他竟然为一对新人弹奏了一曲"我在爱的花丛里摘了一个柠檬"。但是他并不遗憾，因为他理想的乐器是小号。

"康拉德一辈子也学不会吹喇叭。"家里请来的音乐老师直言不讳地对奥古斯都·胡威·希尔顿说。

"胡说八道！他只是练习得不够多而已！"向来自信的奥古斯都·胡威·希尔顿大声地对自己请来的教师喊道。

"不可能！"老师依旧相信自己的判断。

其实，这位诚实的家庭教师并不刻薄，她是一位淑女，每周从沙卡洛乘马车来圣安东尼奥教希尔顿的孩子们各种乐器。但是也不能怪奥古斯都·胡威·希尔顿生气，他的几个孩子都很聪明，对于音乐好像都挺有天赋。费莉丝和康拉德在玛丽的培训下钢琴基础不错，一经调教就突飞猛进，而二女儿伊娃更是天资聪颖，竟然可以学习小提琴，所以父亲一高兴，就要求孩子们不仅只掌握一样乐器，还要多学几样。于是小钢琴王子康拉德选择了小号，希望自己能吹出美妙清脆的旋律。

让奥古斯都·胡威·希尔顿不得不郁闷的是他的儿子康拉德真的不太适合吹小号，几年之后他的水平较之最初并没有什么变化，所以这对父子关于小号的梦不得不醒来。这似乎在说明成功不是有梦就可以的，尤其是在艺术领域，还有一个必要的条件不能缺少——天赋。所以康拉德长大以后对自己不擅长的领域只是浅尝辄止，而不会枉费心机。就像他晚年的时候，因为他已经闻名全球，所以实现了他当电影明星的愿望。他出演的人物是本人，他得到的报酬是246.5美元，他付出的代价是那一年的感恩节的休息时间。而他也仅仅限于这样的客串，而不会去做电影梦。

其实很多事情真的不是一厢情愿就可以的。韩国"经济总统"李健熙就有过电影梦，但是富可敌国的他也没能实现这一愿望。因为童年有一段孤单的留日生活，李健熙养成了看电影和分析电影的习惯。一生精彩绝伦的他曾说过，假如有一天他不再当企业家了，他希望自己能够做一名导演。

他引以为傲的是在他家的地下室里安放着15台VTR，后来他功成名就，恰好国际著名导演史蒂芬·斯皮尔伯格想在亚洲寻求一位合作伙伴，于是两人有了一次交谈。李健熙开出了9亿美元的价格想同这位全球最具影响力的导演合作，但是他被无情的拒绝了。那是1995年的时候，斯皮尔伯格与迪士尼公司前董事长瑞夫卡岑伯格以及影片产业大王大卫盖芬合作成立了"梦工厂"，他们只用了半年的时间就筹集到20亿美元，后来微软总裁比尔·盖茨也加入其中，真正成为梦幻组合。

"在两个半小时的会面中，他不止20次地提到半导体。"史蒂芬·斯皮尔伯格毫不留情地说，"像他这样痴迷于半导体的人究竟对电影了解多少？跟他会面纯粹是浪费时间。"

后来斯皮尔伯格选择了韩国CJ集团与之合作，尽管对方只出了李健熙价格的三分之一。

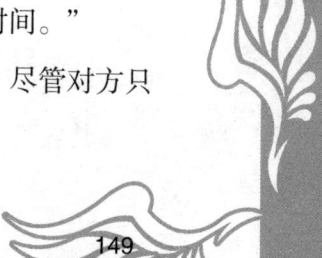

每个人都有自己能胜任的领域，也有自己不擅长的东西，所以，梦想只有建立在可能实现的基础上才会开花结果。25岁以前的康拉德·希尔顿做过小职员、流动售货员和小规模的投机商人，还开过银行、开过矿场，做过乐队经纪人，但是最终他把自己定在旅店经营者的位置上，因为他发现这才是他最得心应手的地方。而且，一旦选定了方向，他就毫不犹豫地前进，就像他的爸爸奥古斯都·胡威·希尔顿那样，将自己和心爱的家人冒险地放在了旁人看来无比荒凉的南部边陲。

当然，奥古斯都·胡威·希尔顿和他的儿子康拉德·希尔顿都获得了成功，梦想不能和你的实际条件有太大的偏差，那样无异于"南辕北辙"。他们的梦虽然高在云端，但绝不是遥不可及。

美国思想家、诗人拉尔夫·沃尔多·爱默生在《自信》一文中说："相信你自己的思想，相信你内心深处认为是正确的，对所有的人也是正确的——那就是天才。"很多人不成功不是因为他不够勤奋，是因为他没有用足够的耐性去寻找自己能胜任的领域。现在很多人读书求学都要找一个就业好的专业，但是这种功利性的选择很可能就是一种误导。如果当初康拉德·希尔顿在仕途上走下去，以他的聪明才智也许会取得不错的成绩。但一方面他并不快乐，另一方面他能走多远是一个未知数，所以他果断地停了下来，去找他内心深处正确的道路，最终走向了巅峰。

其实还有一点也很重要，那就是在找到适合自己的位置之前，所做的一切都不能马马虎虎、随随便便，因为每一步都有收获。康拉德·希尔顿在涉足旅店业之前，无论做什么都很认真，这为他日后的发展积累了宝贵的经验。人们的事业如果是金字塔，那么金字塔的高度是与塔基的宽度成正比的。康拉德·希尔顿用32年的时间寻找路标，但是每一次寻找他都留下了自己踏实的足迹。

年轻人，请记住旅店大王康拉德·希尔顿对你的忠告：

"别为了要花时间找立足之地而烦恼！"

第二节　确立远大的志向

> 一个人追求的目标越高，他的才力就发展得越快，对社会就越有益。
>
> ——高尔基

"心有多大舞台就有多大"，一个人的理想有多高就决定了他能飞多高。

康拉德·希尔顿喜欢举一个例子，他说一块价值5美元的生铁，经过锻铸变成马蹄铁后就会增值到10.5美元，而经过精细加工，制成工业上的磁针一类的零件后这块生铁就值3000多美元，如果制成了手表的发条，它的价值就是25万美元。这个例子说明起点可能很普通，但是终点未必普通，经过精心地打造，一块生铁也可以比金子金贵。

有这样一个故事，讲的也是一个人自我价值实现的道理。

有一个小男孩生活在孤儿院，他很孤僻，也很悲观，他总是很沉重地问院长他是不是一个很差的孩子，所以才没有人要他。

"孩子，明天你拿着这块石头去古董市场上叫卖，但是记住，不要真卖。"院长没有直接回答男孩的问题，而是拿出一块质地一般的石头。

第二天，男孩儿拿着石头去了古董市场，真的有人出价要买，可是男孩儿没有卖，那个顾客就加了价钱，男孩还是没有卖，最后竟然有好几个人要买这块石头。男孩记住了院长的话，没有卖，但是他很高兴，因为他手中的石头高出了原来预期的价格。

"明天再去卖，但是还不要真卖。"院长对这个兴奋的男孩说。

第三天，石头的价格又提高了一些。连续几天，男孩都拿着石头去假卖，因为他一直都不肯卖掉，这块石头居然成了市场上的珍宝，好多人慕名而来，开出了男孩难以想象的价格。

"我明白了，只要自我珍惜，人的价值就会变得无限大。"男孩对院长说。

康拉德·希尔顿从一家二手旅店做起，他的起点在旅店经营行业中不能说有多高，但是他不会觉得自己比别人逊色。经过他的全心投入，最后他不仅成了美国旅店大王，还让希尔顿旅店遍地开花，他成了世界旅店大王。

康拉德·希尔顿有一张插满了旗子的世界地图，这些旗子有的代表希尔顿旅店公司，有的代表希尔顿国际旅店公司。旗子分为不同的颜色，红色的标志着已经完工正在经营的希尔顿旅店，蓝色的标志着正在兴建或即将竣工的希尔顿酒店，绿色的标志着5年内计划动工的希尔顿酒店，这就是一个想把旅店开在整个地球的旅店人的最高梦想。

当初，康拉德·希尔顿的事业位居美国之首，很多人曾想劝他放弃开拓全球市场的念头，可是他没有裹足不前，而是坚持了自己的信念。

康拉德·希尔顿敢于做"世界梦"，在他的不懈努力下，他也做成了"世界梦"。

当年波多黎各政府发给美国旅店业巨子们的邀请的确成了他们的一项光辉政绩，因为希尔顿旅店在波多黎各圣磺市建造的"加勒比希尔顿"使当地的旅游观光事业蒸蒸日上，蓬勃发展。"加勒比希尔顿"初建时投资700多万美元，给波多黎各政府创造的净利润却超过600万美元。在1947年，该地旅客量只有4万人次，旅游所带来的收益不过400万美元，而到了1956年，由于有了希尔顿这样国际影响力的大旅店，到当地旅游的游客已经增至16万以上，收益更是高达2500万美元。据统计，"加勒比希尔顿"为这个小小的岛国所带来的额外利润能有

2000万美元以上。

看到了实际效益,当初反对康拉德·希尔顿在海外投资的股东们改变了态度,当加勒比希尔顿打算扩建时,股东们一致表示了赞同。由此,康拉德·希尔顿的全球发展计划得以顺利实施。

今天,"希尔顿"已遍布世界各地,相信如果南极能被开发出来,希尔顿的招牌也会在那里立起来。

所以志向决定了一个人的位置,或许由于某种原因你飞得还不够高,但是这不是让你丧失理想的理由,如果你心甘情愿地做井底之蛙,那么你一辈子都看不到更广阔的天空。

第三节 做一个诚实守信的人

生命不可能从谎言中开出灿烂的鲜花。

——海涅

"如果你对自己诚实,日积月累,就无法对别人不忠了。"

"我一开始撒谎,就陷入了紊乱的网罗里。"

这是康拉德·希尔顿经常说的名人格言,前一句出自莎士比亚,后一句出自斯科特,这两句话对康拉德·希尔顿产生了非常大的影响。

其实孔子的弟子曾参也说过:"吾日三省吾身,为人谋而不忠乎?与朋友交而不信乎?传不习乎?"曾参这句话多为后来人修身的一个参照,为别人思谋是否尽心、与朋友相交够不够诚信成了一个人精神的标尺,可见古今中外"诚信"二字一直都很有分量。

我们还记得康拉德·希尔顿自认为一生极不光彩的就是年轻时在长堤骑马送报撞人后逃逸的那件事,那一次的不负责任让他受了很多年的良心谴责。所以他对自己的人格看得很重,他不能再允许自己的人格受到一点玷污。

在一次买卖中,康拉德·希尔顿的人格就差点被人鄙夷,为了尊严,他做出了应有的回应。

在第二次购买"史蒂文生"的时候,康拉德遇上了一个最难缠最无赖的卖家——建筑商海瑞。他们三次达成共识,海瑞却三次爽约,所以康拉德改变了进攻方向,物色到了一家规模也相当大很有发展潜力的旅店"巴尔莫"。虽然他在克朗的提醒下觉得两家都买下来也无妨,但最初他与"巴尔莫"的代表贺里斯协商的时候,他真的不是有意欺骗贺里斯他在一脚踏两只船。

"不必解释了。"当贺里斯看到康拉德又来与他磋商购买"巴尔莫"的时候,他坚定地说道。

"不,这件事关系到我的人格,我必须要解释。"康拉德坚持再做出解释,"当我跟你商谈'巴尔莫'的转让条件时,的确认为海瑞已经放弃与我合作了。虽然我与海瑞曾达成3次协议并握过3次手,可是最终都没有成功。"

"人格""承诺""握手"这样庄严的词语让贺里斯动容,他相信了眼前这个人。

"我要听听你的价钱。"贺里斯是一个正人君子,他没有海瑞那样狡诈,他直奔主题。

康拉德·希尔顿用他专业的判断开出了一个合理的价钱,双方用1938.5万美元握手成交。

同一类型的交易,一个仅为150万美元就三番两次失踪,另一个高达1938.5万美元却连纸、笔都不需要,更不用说请律师和证人了,这种鲜明的对比只能证明"人格"的差距,也证明了"诚实"的价值。

因为看重自己的人格操守,康拉德·希尔顿获得了更丰厚的利润,"巴尔莫"的收益再一次显现出康拉德对旅店的管理天赋。虽然也有一段小波折,但是天才康拉德很快就解决了问题。

康拉德对自己手里的旅店唯一的要求就是"好",所以他的一手旅店和二手旅店都是一流的,但是在经营中,二手旅店出现的问题往往更多、更严重。

"巴尔莫"也是一家历史悠久的大旅店,往来之客都是名门贵族,他们对外乡人康拉德·希尔顿能顺利接手这样一个有历史的旅店有些怀疑,而且很快就证实了他们的怀疑是不无道理的。

原来，巴尔莫大厦有很多一成不变的规矩，其中一项就是三餐后的甜点永远是巧克力冰淇淋。康拉德·希尔顿觉得这样的菜单过于单调，所以他用"草莓冰淇淋"和"摩卡咖啡"进行了替代。就这样一项简单的改革却引发了很多顾客的不满，康拉德不得不沮丧地改回原来的老菜单。

为了更好地把握"巴尔莫"的脉搏，康拉德·希尔顿做了大量的功课。他研究了"巴尔莫"的光辉历史，发现这家旅店历史悠久，早在19世纪70年代就已经很有影响，虽然几经重建，但是"巴尔莫"高雅的格调和舒适的环境始终没有改变。在"巴尔莫"的旅客登记册上，达官显贵和各界名人不乏其人，就连总统都有好几个留名其上。创始人波特尔品位极高，所以"巴尔莫"的菜肴以可口别致著称，而且这家旅店与时俱进，从来都是先进科技的追随者，这是全国第一家安装电灯的旅店，也是全国第一家在每个房间都安装电话的旅店。这些都已经很完美了，康拉德·希尔顿还能做什么呢？

智者千虑，必有一失，完美的"巴尔莫"也有康拉德·希尔顿的突破口。菜单改革失败以后，康拉德继续耐心观察，他相信自己能征服那些"老"顾客。原来"巴尔莫"名头过于响亮，导致这里每天都人来人往，这样旅店的休息室就变得嘈杂纷乱，使人感到很不舒服。康拉德和伙伴们想出了一个很好的办法，把"巴尔莫"变得毫无瑕疵。他在旅店休息室之外另外开辟出一个地方，为临时休息的客人提供方便。他们可在那里歇息、沐浴、打电话，而服务员则尽快为他们安排房

第七章 成功的十要素

157

间，这样原来的休息室就有了原本该有的静谧安逸的气氛。康拉德还把一间拱形的储藏室改装成一间鸡尾酒室，为旅店增加了一个有情趣的去处。经过一系列行之有效的改革后，新老顾客都承认"巴尔莫"是康拉德·希尔顿的了。

巴尔莫大厦5个月内的收入就达到20万美元，第一年的营业额竟然超过了172万美元。康拉德·希尔顿用诚信这块最宝贵的敲门砖，打开了一扇宝库的大门。

第四节 保持最大的热忱

> 热情常使最机灵的人变成疯子，同时也可使最愚蠢的人变得聪明起来。
>
> ——拉罗什夫科

世上无难事只怕有心人，只要你全力投入，在事情没有变成事实的时候你就会有机会。一个人对事业热爱的程度决定了他在这条路上走多远。

20世纪50年代初，康拉德·希尔顿在旅店业的地位已经让很多人感到震惊了。他先后收购了旅店之王"史蒂文生"和旅店皇后"华尔道夫"，还有精致的朴来莎、经典的巴尔莫、漂亮的五月花旅店，写有希尔顿名字的旅店在美国各大洲都有了不可替代的位置。

多年前就又走到一起的康拉德和赫尔敦看中了斯塔特拉旅店系列。康拉德最先接触斯塔特拉旅店时还是少年时代随父亲奥古斯都·胡威·希尔顿参加世博会那一年，也就是海伦·凯勒到那里演讲的那一年。几十年过去了，康拉德·希尔顿的事业已经非常成功，当年只是一个房客的他，现在已经把收购斯塔特拉旅店的计划提到了日程上。可惜的是这个伟大的事业只能让康拉德独自完成了，1952年1月4日，康拉德·希尔顿最好的朋友和合作伙伴赫尔敦被疾病夺走了生命，但是赫尔敦不会遗憾，因为康拉德·希尔顿一定会实现他们共同的梦想。

斯塔特拉旅店系列在旅店业里声誉很高，在斯塔特拉先生去世以后，他的遗孀有意转让这个产业。这样一个历史悠久、前途光明的旅店让康拉德·希尔顿非常向往，当然，对斯塔特拉旅店有意的人不只康拉德一个。

有消息说纽约的韦勃与克纳勃地产公司将要买下斯塔特拉旅店系列，康拉德·希尔顿听说以后非常懊恼，他觉得自己比韦勃与克纳勃地产公司慢了一步。多年以来，只要康拉德中意的旅店他都会想方设法地收入囊中，如果得不到，他就会寝食难安。如今他心仪的旅店要被别人买走了，他当然很不愉快。

或许康拉德·希尔顿就是为旅店而生的，在旅店收购方面他总能心想事成。其实也不是上天垂青于康拉德·希尔顿，而是因为康拉德·希尔顿对旅店的热爱程度实在是太深了，他这一生都在为旅店事业不断前进。

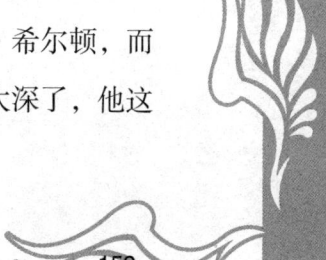

康拉德听说斯塔特拉价值1.11亿美元，这可不是一个小数目，无论是谁都不可能在短时期内拿出来，那就意味着他还有时间为自己争取。

康拉德想了想自己的优势，他出发了。

"如果我们买下这个旅店系列，我们将保留一切，包括名字。"康拉德·希尔顿对斯塔特拉夫人说。

"那就好。"斯塔特拉夫人回答。

就这样，原来以为一场不亚于巴尔莫和史蒂文生购买的艰难谈判很快有了一个好结果。其实这里的妙诀就是康拉德·希尔顿抓住了斯塔特拉夫人的心理。对于一个拥有上亿资产的人，他们不会在买卖的价钱上斤斤计较，他们会对精神层面的东西更加在意。斯塔特拉夫人对旅店业不够了解，所以她会转让丈夫留下的产业，可这不意味着她不珍惜丈夫的心血，她一定会把它们交给一个值得托付终身的人。同康拉德·希尔顿这个旅店界资深人士相比韦勃与克纳勃当然不是最好的人选，他们的最大目的就是把斯塔特拉当作一个有价值的地产卖来卖去，像他们熟悉的地产买卖一样，康拉德胜在他对事业的热爱上。

第五节　要有思想和情感的空间

>　　不要让你所拥有的东西占据了你的思想感情。
>
>　　　　　　　　　　　——康拉德·希尔顿

　　很多时候人们会把拥有金钱的多少看作成功与否的标准，但是在生活中存在很多比金钱还重要的东西。石油大王约翰·洛克菲勒前半生在金钱欲的驱使下做了赚钱的机器，当他的健康濒临崩溃的时候，他发现如果学会放弃对金钱的执着，人生可以更美好。所以他把他将近半个世纪的后半生时间主要用来体验和享受他错过的时光，他赚钱也捐钱，尤其是在人类文明的传播与人类生命的质量方面他投入了很多人力和物力。最终，作为世界第一富翁的约翰·洛克菲勒在他去世后留下了慈善家的美名。

　　康拉德·希尔顿在事业上的成功有目共睹，但是在他事业第一个高峰到来的时候，他却打了一场败仗，那就是他非常珍视的第一次婚姻破裂了。他的第一任妻子玛丽·勃朗是一个善解人意、温文尔雅的女子，在康拉德最失意的时候她一直陪伴在丈夫的身边。19世纪30年代经济危机，康拉德被自己的多家旅店的庞大支出弄得焦头烂额，他每天都为还债而忧心忡忡。

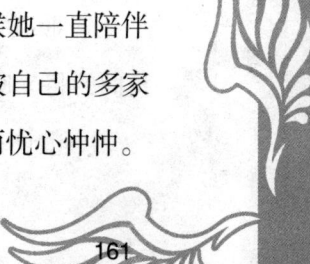

"你不会永远这样的。"玛丽·勃朗对丈夫说。

可想而知康拉德·希尔顿心里的感受，他对妻子充满了感激。而且玛丽·勃朗还拿出自己的钱—解丈夫的燃眉之急，她唯一希望的就是丈夫能抽空与自己和朋友打一场四人桥牌，但是忙碌的康拉德·希尔顿拿走了钱以后把他对妻子的承诺忘记了。他当然不是故意的，可是这种事情多了，妻子与他的感情势必会受到影响。

当康拉德·希尔顿逐渐走出低谷的时候，玛丽·勃朗选择了离婚，所以当时康拉德说自己打了一场胜仗也打了一场败仗。这次婚姻的失败让康拉德·希尔顿痛苦了很长一段时间，他不断地反省自己，他知道是他对事业的执着使他忽略了自己的亲人，最终使自己失去了一个完整而幸福的家庭，这是一个很大的代价。

此后虽然康拉德·希尔顿娶了匈牙利美女莎莎为妻，可是这个年轻美丽的妻子并不适合他，他们的婚姻没有维持几年就解体了，这次的婚姻失败让康拉德再一次回忆往昔，那个带着一顶红帽闯进他心扉的玛丽·勃朗是一个多好的女子，可是他失去了她。

当康拉德的妹妹劝他多陪伴妻子少放一点精力在他已经很成功的事业上的时候，康拉德·希尔顿曾经感到很委屈。

"难道我做的一切不是为了她和我们的孩子吗？不是为了我们的将来吗？"康拉德·希尔顿反问妹妹。

"也许她宁愿选择过现在这样的生活，只要你能多陪陪她。"妹妹这样回答。

此时正雄心勃勃发展旅店事业的康拉德·希尔顿当然不能明白女人的心思，他也无法想象失去妻子之后他要承受的痛苦。

所以不能一厢情愿地把自己的想法加在别人身上，尽管你打着为对方好的旗号，其实本质上还是你的私欲在作祟。

还有一件事让康拉德·希尔顿反思自己的做事方式是否恰当。

康拉德·希尔顿34岁那年，他在旅店业小有成就，口袋里的钱也不少了，足够买上一颗特大号的钻石。所以当他看到那枚镶嵌了一颗让所有女人疯狂的特大钻石的胸针时，他也很激动地买了下来，为的是送给他一生中最重要的女人——母亲。

当他带着那枚胸针从得克萨斯州回到家乡时，他觉得母亲一定会欣喜若狂地戴上这枚昂贵的钻石胸针，因为这是他作为儿子送给母亲最好的礼物。

"妈妈，我给您买了一份小礼物。"康拉德·希尔顿轻描淡写地拿出一个小小的礼品盒。

"哦！我的天哪！"包括母亲在内所有的人都惊呆了。

康拉德·希尔顿期待看到玛丽·希尔顿夫人迫不及待地戴上那枚胸针的情景，可是令他意想不到的是母亲热泪盈眶地拿着胸针跑回到自己的房间，久久都没有出来。

"难道我做错了什么吗？"康拉德·希尔顿问弟弟和妹妹。

"或许是妈妈太兴奋了！"弟弟妹妹这样安慰哥哥。

可是，高贵的玛丽·希尔顿夫人终身都没在公众场合佩戴过那样一枚耀眼的胸针。

"虽然我非常喜欢，可是，对我这样年纪的女人来说，它太华丽了。"母亲这样解释。

母亲的做法让康拉德·希尔顿意识到自己犯了主观主义的错误，他懂得了自己喜欢的未必别人也喜欢的道理。所以每当他想送给别人礼物的时候他都会换位思考，他不会做那种妻子正在瘦身丈夫却送一盒糖果的煞风景的事。他后来又送给母亲一串价值不菲的珍珠项链和一只古董挂表，他相信母亲睡觉的时候都不会摘下它们。

我们不能让金钱、物欲、自我占据我们的生命。

"如果你发现当你失去某样东西就活不下去了，那么你最好丢掉它，以便获取真正的自由。"康拉德·希尔顿说。

第六节　不能让忧虑成为绊脚石

> 世界上有许多做事有成的人，不一定是因为他比你会做，而仅仅是因为他比你敢做。
>
> ——培根

虽然人们常说"人无远虑必有近忧"，但是还有一句话是"杞人忧天"。就是说适当的忧虑可以让人有危机感，可以更加清醒地对现实做出判断。但是过度的忧虑就会使人颓废，无法正常生活。我们最应该做的就是审时度势，做出准确的判断，找到最佳的途径。

康拉德·希尔顿曾经在纽约收购过两家比较有历史的旧旅店，一个是"罗斯福"，另一个就是"朴来莎"。或许"罗斯福"天生就有阳刚之气，所以大丈夫胸襟宽广，虽然刚开始"罗斯福"的常客因为康拉德的进入而有些担心，但是康拉德很快就让"罗斯福"按照自己的安排进入了角色，而"朴来莎"就不那么顺利了。

因为康拉德在旅店业的名气日盛，有很多信托公司和投资人都来找他合作，那个没有名气四处借钱，却求助无门的时

代一去不复返了。"奥特拉公司"的副董事长受公司的委派找到了康拉德·希尔顿，表示希望双方能合作买下"朴来莎"旅店，奥特拉公司持40%的股权，另外的60%归康拉德·希尔顿所有。这真是一个不错的想法，所以康拉德很愉快地答应了这次合作。

有时候事情太顺利也未必是好事儿，因为那会使人盲目乐观，放松警惕，会忽略一些潜在的危险。这次康拉德·希尔顿与奥特拉公司入主"朴来莎"旅店很是顺利，但是开始真正当家之后却不是那么容易的。"朴来莎"绝非一般人能驾驭的，这是一家以精致典雅而著称的老牌旅店。它是名门望族的私人行宫，这些达官贵人最为挑剔，他们也最为保守，不喜欢改变他们的习惯，因为能保持个性在他们看来是身份和地位的象征。康拉德·希尔顿接管了"朴来莎"以后，一些门第观念特别重的老顾客非常不满，他们认为"朴来莎"有一种专属性，它不该轻易改投别人的怀抱。

康拉德·希尔顿就是不怕挑战，他认为"朴来莎"是一家值得入手的旅店，凭着他多年的旅店经营经验，"朴来莎"是一颗高贵的珍珠，它不一定像史蒂文生那样庞大，也未必像华尔道夫那样恢宏，但是它非常雅致，给人一种非常舒适放松的感觉。它不像钻石一样耀眼夺目，却有着珍珠的柔光，让人百看不腻。这个"朴来莎"，每一个房间一年的租金就是2.7万美元，在经济衰败时期，它也没有颓势。除了公侯，那些富二代们也都是它的座上嘉宾。那些哈佛、耶鲁、普林斯顿的未来富翁们每逢周末就会云集于此，法国式的参会浪漫而神秘，这里就是温馨的天堂。

"外行看热闹，内行看门道"，康拉德进入"朴来莎"以后，他一方面看到了老主顾的不满的目光，另一方面他看到了"朴来莎"就像珍珠蒙尘无人拂拭而显出破败的征兆，油漆脱落、大理石面伤痕累累，如果不及时挽救，即便现在有忠实于它的宾客，但是迟早有一天这些人会移情别恋。所以康拉德要做一件"大事"，就是去掉珍珠上的污垢。

康拉德找来赫尔敦做监工，他做了一种让世人都想不到的安排。通常一家商铺整修的时候都会在白天，工人们进进出出，让人眼花缭乱，而在以休息为目的的旅店里大规模的修葺总会打扰客人们休息，所以康拉德把清理工作放在了客人们入睡后的晚上。

试想一下，入睡之前，房间外的环境透露着一丝倦意，可是一觉醒来，外面就焕然一新、生机勃勃，这会给客人带来多么大的惊喜！康拉德要的就是这种效果，他给客人们带来了新鲜感，客人们也理解了这位旅店老板的善意，康拉德一下解决了两个问题：客人们的疑虑和"朴来莎"的暗疾。"朴来莎"还是原来的"朴来莎"，只不过更漂亮了，于是，这颗珍珠的细腻圆润又招来了很多顾客，在康拉德接手之前，"朴来莎"的入住率是60%，而装修工程还没结束入住率已经为100%了。

有人因为康拉德·希尔顿的这次行动而把他称为"成吉思

汗"，这是对他的最高奖赏。

"遇山开道，遇水造船"，遇到问题不是忧心忡忡就行的，而是要开动脑筋，想到最完美的对策，这才是最佳的选择。

第七节　永远面向未来

真正的智慧不仅在于能明察眼前，而且还能预见未来。

——忒壬斯

人生是条单行线，可以回顾却不能重走。我们要面对的终究是未来，所以一定要把握现在，给未来一个保证。不管过去是辉煌还是暗淡，那些终究都已经过去。

动画片《机器猫》中有这样一个情节，有一天大雄家里同时出现了三个大雄，一个是高中时代的大雄，一个是初中时代的大雄，还有一个就是小学时代的大雄。高中时代的大雄因为学习成绩不好而坐着时光机找初中时代的大雄算账，而初中时代的大雄因为同样的理由利用同样的方式找到小学时代的大雄。

这个情节当然滑稽而荒谬，但是其中蕴含的道理却真实而

深刻。生命不可能穿越，只能一秒一分一天的度过，而这看似短暂的一秒一分一天却一点也忽略不得，它们的质量合起来就决定了你生命的质量。你的现在就是你的未来，而"现在"不是用来后悔的。

如果一个人在20岁的年纪忽然失去了行动的能力会是什么心情呢？有的人会说会有想死的心情。是的，史铁生就是这样，一个平素里热爱运动的小伙子忽然就下肢瘫痪，只能看着别人在球场上狂奔。他非常痛苦，不知道该怎么办，可是他没有结束自己的生命，而是把痛苦转化成一个个凝重的字符，用他的心和感情记录了一个坚强的灵魂的声音。他对人生有着超乎常人的感悟，对过去和未来、失去和所得有独特的体验。他曾经这样说：

"当四肢健全、可以随意奔跑的时候，常抱怨周围的环境如何的糟糕。有一天，突然瘫痪了，坐在了轮椅上，这时候，抱怨自己怎么坐在了轮椅上，于是怀念当初可以行走、可以奔跑的日子，这时才知道那个时候有多么阳光灿烂。又过了几年，坐不踏实了，长褥疮，各种各样的问题开始出现，突然开始怀念前两年可以安稳地坐在轮椅上的时光，那么的舒适，那么的风清日朗。又过了几年，得了尿毒症，于是开始怀念当初有褥疮，但是依然可以坐在轮椅上的时光。又过了一些年，要透析了，不断地透析，一天清醒的时间越来越少了，于是怀念刚得尿毒症那会儿的时光。"

过去的时光只能成为记忆，人生是条单行线，不论痛苦和快乐都不能回头。而只有把今天过好了才能不遗憾，今天是明天的昨天，明天是未来的今天，生命是由每个"今天"组成的，生命的质量取决于"今天"是怎样过的。

康拉德·希尔顿这一生每一个阶段都很充实，所以他的每一个回忆都很充实，即便有哪个"一天"他感到疲惫和痛苦，但是他从来没浪费过那"一天"。朱利安夭折的时候康拉德做了一个辛勤耕耘的小农夫，"小弟"病逝的时候康拉德建起了"艾尔帕索希尔顿"旅店，而在开拓国际市场遇到阻碍的时候，康拉德不是放弃而是重新组建自己的团队。每一次挫折和打击都是康拉德成长的动力，他没有在困难面前倒下，反而成了真正的强者。

人们前进的脚步永远不能止息，这样才会越走越远。

康拉德·希尔顿从来都不会坐下来欣赏自己的成就，在他眼里，未来具有无限的魅力。这一点与康拉德的性格有关，也与他的经历有关。无论失意与得意他都会以饱满的精神面对前路，而且他是一个敏而好学的人，都说开卷有益，如果你能读懂书里面的真谛，你也会有光辉灿烂的前程。

在康拉德·希尔顿如愿以偿地接管了梦中的皇后华尔道夫以后，他在套房内发现了一套《伟人小传》，这套书改变了康拉德·希尔顿对书本的拒斥心理，他认真地通读了这套丛书。从作者胡勃精彩的笔墨中，康拉德越发地明白了伟人是如何成为伟人的。钢铁大王卡内基的传奇、哲学家苏格拉德、思想家卢梭，还有一些科学家、艺术家们的生平让康拉德热血沸腾，激发了他的斗志。

好书就是力量的源泉,这是颠扑不破的真理。当年"三星之父"李秉喆因为身体原因不得不中断留学生活回到韩国时,度过了一段闲适却有些颓废的日子,在一个星月之夜他看到熟睡中的孩子想到了自己的责任,在那一刻,在日本留学期间读过的名人传记、商界天才的奋斗史浮现在他的脑海,于是他振作精神,从一家小小的碾米店开始,最后建起了韩国第一经济财团。

无论什么时候,只要你把目光投向未来,用一种积极的态度和踏实的作风去对待,那么一切都来得及,成功正在向你招手。年轻人,昂起头出发吧!

第八节　学会尊重,懂得感恩

人家帮我,永志不忘;我帮人家,莫记心上。

——华罗庚

无论什么时代,都会有一些等级尊卑的观念存在,而这种观念就是一把谁也不能驾驭的利刃,既伤害了它指向的人又伤害了持有它的人。一个生活在现实生活中的人,如果能把"尊

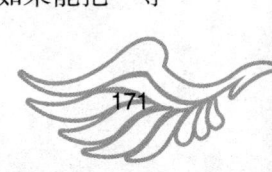

百年酒店希尔顿

重"二字放在心里，那么，他就绝不会孤独。

"到达了巅峰以后，你有何种感受？"人们问康拉德·希尔顿。

"是不尽的喜悦和不尽的感激。"对这个回答了无数遍的问题，康拉德的答案只是一个。

康拉德·希尔顿知道自己的事业已经成为一座高峰，让别人无法企及。但是在回顾自己来时的路时，他总是把别人对他的帮助和关心放在第一位，这个管理数家旅店的大老板记得很多小事情。

在康拉德·希尔顿的住宅后面有一块停车场，他经常在那里停车。但这个停车场却不是他自己家的，有很多人和他共用。不过这个停车场也算是他自己家的，因为共用者是不远处希尔顿办公大厦内的职员。可是车位有限，康拉德的两个秘书都曾想过专门给这位大老板留一个专属车位，但是都被康拉德拒绝了。他认为自己与公司的任何职员都一样，都是来上班的，所以不应该享有特权。

有一次康拉德·希尔顿出差去了纽约，回来的时候，他发现自己平常停车的地方挂了一个"本人占用"的牌子。于是他把车停在了别的位置，并没有问秘书是谁占用了那个他经常用的车位。

"您怎么占用我的车位？"资格最老的秘书魏克曼太太很奇怪地问老板。

"因为我的车位被别人占用了呀！"康拉德很自然地回答。

"呵呵，占用您车位的不是别人，正是您自己呀！"魏克曼太太不禁哑然失笑。

原来，为了保留康拉德的车位，在他出差期间，他的秘书擅自做主在他常用的车位处挂上了那块"本人占用"的牌子。一时间，康拉德感到非常温馨，他觉得周围的人对他就像家人一样。

在康拉德最失意的时候，他连饭钱和车费都付不起，可是他叫不出名字的饭店服务生却能送给他300美元，帮他渡过难关，而丝毫都没有要求回报的意思，这很让康拉德感动。

你敬我一尺，我敬你一丈，正因为康拉德的一片公心，从来都不会以侵害别人的利益为代价使自己获利，所以与他合作过的人从来都是获得而不是失去。

微笑就是对人最好的尊重，这是希尔顿从生活中自己体验到的重要感受，所以希尔顿旅店的招牌不是豪华的套房或是别致的风格，而是真诚的微笑。

第九节　承担起对世界的责任

> 每个人都被生命询问,而他只有用自己的生命才能回答此问题;只有以"负责"来答复生命。因此,"能够负责"是人类存在最重要的本质。
>
> ——维克多·费兰克

我们是世界的一分子,都有责任和义务使我们的家园更美好,所以我们不能冷酷无情,世界的风云变幻与每个人都息息相关。地球上每天都会有战争,引发战争的事件林林总总,但是战争却只有两个立场,正义的和非正义的。我们当然义不容辞地为正义奔赴疆场,哪怕会失去我们的利益甚至生命。

康拉德·希尔顿经历了两次世界大战,第一次他作为战士出征,第二次他作为家属在后方支持战争。

当年,康拉德·希尔顿在沙卡洛的银行初具规模,他正在向银行家的队伍迈进。可是当他得知国家的疆土将要被侵犯的时候,他义无反顾地放弃了自己的事业梦,他穿上了军装成了一名战士。

经过战争的洗礼,炮火纷飞的阵地让他明白了生命的可贵。由于参加战争，让康拉德失去了自己的银行，也失去了见父亲最后一面的机会，所以康拉德热爱和平，为了捍卫正义与和平，他从来都不遗余力。

"我们拼死而战，追求的是人类和平的权利。"

这就是康拉德对战争意义的理解。

1950年，康拉德·希尔顿参加了基督教与犹太教的全国大会，会议地点就在"华尔道夫——亚斯托利亚"。康拉德作为第一次世界大战的老兵、第二次世界大战参战者的父亲做了著名的演讲，演讲的题目就是"为和平而战"。

康拉德·希尔顿的"为和平而战"被整理成文并公开发表，在社会上引起了巨大的反响。成千上万封信从四面八方寄向康拉德·希尔顿，尽管很忙，他还是逐一地看了这些信件，有时间时他还会回复。

"1942年，我唯一的儿子在南太平洋失踪了，到现在为止我都不知道他回归何处。我企盼您的演讲能让那些不知道'责任'为何物的人不再怀疑战争的意义。"一位伟大的母亲在信中这样说。

"你对人类为何而战的诠释再精辟不过了。"马歇尔将军的信里这样写着，"我将把它呈给军政部长，以作警示。"

"我完全赞成你说的'为和平而战的最大利器，就是爱心'。"一个德国人在信中这样表达了他的赞同，尽管他们曾经敌对过。

给康拉德·希尔顿写信的不仅有成年人，还有热爱和平的孩子。那些切身感受到战争的可怕与残酷的人对"和平"的渴望自然比任何人都热切，但如果一个人因对人类共同命运的关注而引起一个孩子的共鸣，那真是弥足珍贵。一个12岁的小男孩丹尼尔·波鲁西把自己对康拉德·希尔顿先生的认同装在了一个灰暗的、小小的信封里并寄给了康拉德，他得到的却是尊敬的康拉德·希尔顿先生最诚挚的感谢和一份亲笔签名的演讲稿。

这就是康拉德·希尔顿，他热爱和平却不惧怕战争，他敬畏上帝也尊重每一个人，原因就是他热爱和平，希望生活更美好。

是的，如果每个人都把对世界、对天下的责任担在肩上，那么，世界将处处都是天堂。

第十节 自我勉励绝不轻言放弃

> 我们最大的弱点在于放弃。成功的必然之路就是不断地重来一次。
>
> ——托马斯·爱迪生

人生如逆水行舟，不进则退，因此我们没有权利无病呻吟，也没有时间自怨自艾，我们能做的就是要跑得更快一点。

放纵的感觉是一朵美丽的罂粟花，在你沉醉于那迷人的芳香之时，你的心已经慢慢变成它那可怕的果实，在麻醉中走向毁灭。无论有什么理由，都不能让我们走向沉沦。所以，当我们徘徊在自我放纵的边缘时，对那一声声警示要充满感激。

有一次，因为等候半夜到来的货车，第二天早晨康拉德·希尔顿睡过了头。虽然玛丽·希尔顿非常勤劳，也从不贪睡，但是她跟所有的母亲一样，她心疼自己的孩子。她知道孩子们为了家里的生计已经尽力了，现在要把睡得正香的康拉德叫起来真是太难为她了。

"玛丽，将来的唐尼会怎么样啊？"

7点钟醒来的时候，康拉德正好听见父亲咆哮着对母亲说：

"像这样他能成大器吗？难道他要把一生都睡完吗？"

一瞬间康拉德睡意全消，虽然父亲对他这次懒床不满看似有些严厉，但是父亲的话是有道理的。一个人必须要克服种种诱惑才能有所成就，他可不能把一生都用在睡觉上！他下定决心以后再也不睡懒觉了，他也是这样做的。在他后面更漫长的人生里，懒觉再也没能困扰他。

父亲的严厉对一个孩子而言有时会起到当头棒喝的作用。那一个"能成大器吗？"的疑问对一个有羞耻心和上进心的孩子而言就是最好的鞭策。我们不能在所谓的"激励教育"中听不得半点批评和怀疑，那样我们的心就会变得脆弱而虚荣。所以，我们不仅要感谢母亲的慈爱，也要感谢父亲的严格，只有这样我们才能改掉我们身上的弱点。不放纵自己，才能有实现我们梦想的毅力，因为在成功的路上我们要克服的困难绝不是一次疲惫带来的困倦。

在25岁以前，康拉德·希尔顿从事过很多工作，但是从没有一次是因为懒惰和其他消极的原因而放弃的。

这个世界的生存法则就是要跑在别人的前面。

每天日出的时候，非洲大草原上的动物们就开始纵蹄狂奔了，无论是狮子还是羚羊。

"孩子，你必须跑得快一点，更快一点。"狮子妈妈对小狮子说，"如果你连最慢的羚羊都跑不过，你就会被饿死。"

"孩子，你必须跑得快一点，更快一点。"羚羊妈妈对小羚羊说，"如果你跑不过最快的狮子，你就会被吃掉。"

如果你比别人慢一步，要么被饿死，要么被吃掉，这个世界不是为懒惰者准备的，不是为不思进取的人准备的。

康拉德·希尔顿的一生是成功的一生，纵观他的奋斗历程，会发现他就是一个不会停下脚步左顾右盼的人。当他买下第一家二手旅店的时候他会一边着手为这家旅店注入生机，一边想着向外扩张。而当他把二手旅店的事业做到了极致的时候，他勾勒的就是用自己名字命名的旅店王国的蓝图。在这期间他会遇到挫折，但是他不会消沉，而是用意志和信念为自己充电，带着信心重新上路。所以他能渡过经济危机，能躲过狂徒的枪口。当你遇到坎坷的时候，也记得永远都不要被困难吓倒，风雨之后就会看到美丽的彩虹。

有了康拉德·希尔顿先生的十条箴言，相信你在人生的道路上已经有了路标。

　　康拉德·希尔顿热衷于在世界各地兴建旅店，有一个非常重要的原因，他认为这样做可以消弭人与人之间的屏障。他一生追求梦想也爱好和平，所以当他获得成功的时候他绝不会吝啬，他会毫不保留地把成功的奥秘跟他人分享。在我们为康拉德·希尔顿比天空更辽阔的胸怀赞叹的时候，我们会记住他那宝贵的经验，让它们指导我们前进。站在巨人的肩头，我们的未来一定会光辉灿烂！

结　语

很多小孩子都认为魔术师是最伟大的人，看着鸽子、兔子、鲜花、数不清的扑克牌等从那顶神奇的帽子里拿出来时，他们在尖叫声中都渴望有一顶那样的帽子。随着年龄的增长，我们知道魔术师并没有"无中生有"的本事，而且谁都没有这种本事。可是如果能掌握魔术的本质，勤学苦练，谁都能变出可爱的"兔子"。

康拉德·希尔顿遭遇人生第一次愚弄的时候，他的父亲奥古斯都·胡威·希尔顿给他变出了两张汇款单，后来他在自己"弹尽粮绝"的时候也变出了一张张数目不等的支票。但是康拉德·希尔顿也好，奥古斯都·胡威·希尔顿也好，他们都不是好逸恶劳的寄生虫，他们是勤勉积极面对生活、不断拼搏进取、待人宽厚真诚的真勇士，所以如果你也是一个像他们那样的人，你就会拥有一顶心想事成的魔法帽子。